MY RENDEZ-VOUS
WITH A FEMME FATALE

Franck Resplandy

MY RENDEZ-VOUS
WITH
A FEMME FATALE

Les mots français
dans les langues étrangères

Bartillat

La première édition de cet ouvrage
a paru aux éditions Bartillat
sous le titre :
*L'Étonnant Voyage des mots français
dans les langues étrangères.*

TEXTE INTÉGRAL

ISBN 978-2-7578-0311-0
(ISBN 2-84100-371-X, 1ʳᵉ publication)

© Éditions Bartillat, 2006

LE GOÛT DES MOTS

UNE COLLECTION DIRIGÉE PAR PHILIPPE DELERM

Les mots nous intimident. Ils sont là, mais semblent dépasser nos pensées, nos émotions, nos sensations. Souvent, nous disons : « Je ne trouve pas les mots ». Pourtant, les mots ne seraient rien sans nous. Ils sont déçus de rencontrer notre respect, quand ils voudraient notre amitié. Pour les apprivoiser, il faut les soupeser, les regarder, apprendre leurs histoires, et puis jouer avec eux, sourire avec eux. Les approcher pour mieux les savourer, les saluer, et toujours un peu en retrait se dire je l'ai sur le bout de la langue – le goût du mot qui ne me manque déjà plus.

Ph. D.

À Félix R.

Avant-propos

« Jadis, tout était romain, aujourd'hui tout est français ! » pouvait s'exclamer au XVIIIᵉ siècle le marquis de Caraccioli, diplomate italien à la cour de Louis XV. Et à cette époque, en effet, l'Europe entière se conjugua à la française. Moment unique dans l'histoire de notre pays : s'étant substitué au latin, le français devint, par un consentement universel, le langage commun de toutes les élites européennes. De Vienne à Stockholm, de Moscou à Berlin en passant par Copenhague ou Saint-Pétersbourg, on ne parla plus que la langue de Voltaire et de Rousseau.

Vint la Révolution, l'Empire et, par la force des armes cette fois, le continent fut bien près de s'unir, politiquement et linguistiquement, sous la bannière tricolore.

Ce temps est loin. La France n'est plus aujourd'hui qu'une puissance moyenne sur l'échiquier du monde et l'anglais impose partout sa loi.

Il est des témoins bien vivants, cependant, de notre grandeur passée, ce sont les mots d'emprunt. Qu'on les nomme gallicismes, xénismes, néologismes, francesismes, ils sont des milliers que l'anglais, l'allemand, le russe, le roumain, l'espagnol, le vietnamien... ont intégré à leur lexique. Beaucoup de ces mots ont le sens qu'on leur connaît ici. Certains ont « glissé » sémantiquement. D'autres encore ont des significations oubliées dans l'Hexagone. C'est à ces deux dernières catégories que s'intéresse le présent ouvrage.

Celui-ci peut être lu comme un voyage. Un voyage dans le temps et l'espace d'abord, où les circonstances des emprunts se verront éclairées par l'histoire, grande ou petite ; un voyage plus intérieur ensuite, car l'image de la France et des Français véhiculée par ces mots ne peut manquer de nous interroger sur nous-mêmes.

Mais le souhait le plus cher de l'auteur est que ce livre, le premier du genre, apporte au lecteur son lot de plaisir et d'étonnement.

Précisions :

Seuls les pays non francophones sont pris en compte dans cet ouvrage.

Une transcription phonétique est appliquée à certaines langues non romanes, qu'elles utilisent ou non l'alphabet latin.

Des encadrés sont introduits dans le corps du dictionnaire à titre de récréations et de compléments d'information.

Remerciements

L'auteur remercie les diverses personnes qui ont contribué à la réalisation de cet ouvrage, et notamment :

Pour le bulgare, **Dimitar Vesselinov**, docteur en lexicographie et professeur associé à la faculté des lettres classiques et modernes de l'université de Sofia St Kliment Ohkridski, **Elitsa Nikolcheva** ; pour le roumain, **Cristian Stamatoiu**, docteur ès lettres en philologie, lecteur de roumain à l'UFR Langues vivantes de l'université Marc Bloch de Strasbourg, **Sanda Ripeanu** ; pour le russe, **Bernadette Cierzniak**, agrégée de russe, enseignante à Saint-Cyr Coëtquidan, **Joanna Szostek**, **Marina Khotianovitch** ; pour le suédois, **Chantal Albépart-Ottesen**, directrice des études section français et professeur de français à l'université de Växjö, **Gunnel Meyer**, **Lars Aronsson** ; pour le polonais, **Anna Bochnakowa**, professeur de linguistique française à l'Institut de philologie romane à l'université Jagellonne de Cracovie, **Z.W. Wolowski** ; pour le turc, **Gülnihal Gülmez**, docteur en didactique des langues et enseignante dans le département de français de l'université Anadolu, **Yasemin Öztürk** ; pour l'amharique, le **Pr Berhanou Abebe**, juriste, historien, lexicographe ; pour l'allemand, **Elisabeth Novak**, professeur de lettres classiques au lycée français de Vienne de 1975 à 2002, **Nathalie Singer** ; pour le néerlandais, **Danielle Bourgois, Karina Van Breukelen, Monique Zwaanswijk** ; pour l'espagnol, **Nuria André, Alejandra Cuevas, Osvaldo Carnero, Véronique Moureaux, Juana Chomyszyn** ; pour le norvégien, **Eva Sauvegrain** ; pour le danois, **Lasse Nielsen, Christine Melchiors, Elisabeth Frausing** ; pour le finnois, **Olli Rantala, Juhani Harma** ; pour l'islandais, **Ari Pall Kristinsson, Jeanne Heisbourg** ; pour le macédonien, **Ljubisha Monev** ; pour le persan, **Leila Moharreri** ; pour l'italien, **Ghislaine Resplandy** ; pour le slovaque, **Eva Kustekova** ; pour le slovène, **Lucija Jereb, Liza Japelj** ; pour le hongrois, **Judit Diana Varga** ; pour l'hébreu, **Galit Haddad, Stéphanie Brémond** ; pour le yiddish, **Natalia Krynicka** ; pour l'anglais, **Melissa Kling, Brenda Barré, Graham Sheard** ; pour le chinois, **Jin-Mieung Li, Bruno Gensburger, Li Wei** ; pour le portugais, **Claudio Teixeira, Beatriz Oliveira, Eglantine Guély** ; pour l'hébreu, **Stéphanie Brémond** ; pour le croate, **Ingrid Safranek, Vita Klaic** ; pour le tchèque, **Roman Stolarik, Jiri Votava**.

Il remercie également l'Institut estonien, l'Institut finlandais, la bibliothèque Tourgueniev et l'Academy of Athens, ainsi que, pour leur lecture critique, **Bruno Dufresne, Patrice Dyerval Angelini,** et **Jean-Christophe Leclerc**.

Pour toutes remarques, critiques ou suggestions :
franckresplandy@noos.fr

A

ABEKKU ; AVEC (japonais, coréen ; finnois, allemand de Berlin) : de « avec » – Hormis dans ces
« domaines réservés » que sont dans le monde la
gastronomie, le ballet, l'équitation, les arts décoratifs..., le japonais a peu emprunté au français.
Remarquable donc, le mot d'*abekku*, au sens
d'un couple d'amoureux. Les Coréens, liés cultu-
rellement au Japon, lui ont emprunté à leur tour
ce vocable avec le sens infléchi de sortie entre
amoureux.

ACORDEÓN (espagnol du Mexique) : *une antisèche, une carotte,* de « accordéon » – Acor-
deón, parce que ce procédé bien connu de triche
en examen consiste à plier l'antisèche à la
manière d'un soufflet d'accordéon.

AGENT PROVOCATEUR (anglais, russe) : *provocateur, espion, pousse-au-crime* – La formule est
héritée du régime tsariste. Nous sommes alors en
1883 et l'Okhrana, la police politique russe
chargée de lutter contre l'agitation révolutionnaire, ouvre un bureau à Paris. Grâce à l'appui
sans réserve de la Sûreté générale, celui-ci
monte des opérations audacieuses et souvent
efficaces. Elles n'empêchent pas la Révolution
mais serviront de modèle aux polices du monde

entier. L'*agent provocateur* est au centre de certaines, les plus controversées. À la différence d'un agent ordinaire, l'*agent provocateur* ne se borne pas, en effet, à la collecte d'informations, mais incite ceux qu'il espionne à enfreindre la loi. Aujourd'hui, par exemple, il se fera passer pour pédophile, prostituée, drogué, dans le but de piéger des malfaiteurs et les faire condamner. Dans certains pays, il provoquera des violences pour discréditer une cause et légitimer la répression. Plus positivement en France, à l'entrée des discothèques ou dans les agences immobilières, il pratiquera le *testing* pour détecter des attitudes de discrimination. Mais, ces *sting operations*, comme les nomment les anglophones, ne sont pas sans poser des problèmes éthiques ou juridiques. La CIA et le FBI se sont longtemps montrés prudents dans leur utilisation mais, sous l'administration Bush, il semble qu'il en aille autrement. Au sens figuré, l'*agent provocateur* peut être entendu comme le mauvais génie qui pousse à la faute ou au péché. Une marque anglaise de lingerie l'illustre avec succès.

AIDORU (japonais) : *starlette,* de « idole » – Ce mot n'a concerné d'abord que Sylvie Vartan, jolie blonde yé-yé qui eut son heure de gloire au pays du Soleil-Levant. Il en est venu ensuite à qualifier ces jeunes filles à la mode, chanteuses ou actrices, qui disparaissent aussi vite qu'elles sont apparues. Les *star-académiciennes* de nos petits écrans en sont aujourd'hui l'exemple parfait. Reconnaissons à l'ex-femme de « l'idole des jeunes » d'avoir duré un peu plus.

☞ *Ideál* désigne une idole en tchèque ; *byt ideálem vsech divek* (« être l'idole des filles »).

ALAIN DELON ou **DELON** (roumain) : *trois-quarts en daim avec doublure en fourrure,* de « **Alain Delon** » – Pour ceux qui s'étonneraient de voir notre star nationale associée à un simple vêtement, rappelons que la Roumanie, à l'instar des autres pays de l'ancien bloc de l'Est, resta, durant de longues années, coupée du monde occidental. Pour ces « Français de l'Orient », comme les Roumains se définirent parfois eux-mêmes, la rupture des relations traditionnelles avec notre pays fut un déchirement. C'est seulement à partir des années 1960 que quelques rares films non compromettants et sans cesse rediffusés purent passer les filets de la censure et consoler un peu nos amis roumains, ce qui nous ramène à Alain Delon et à sa filmographie de l'époque. Il semble bien, au terme d'un visionnage partiel, que le trois-quarts en question apparaisse dans *Rocco et ses frères* de Luchino Visconti (1960). Est-ce le seul matraquage du film qui a déterminé cet emprunt ou bien aussi la nature « chaleureuse » (comme ce vêtement d'hiver) de l'acteur français ? La question reste posée.

À LA MODE (anglo-américain) : *servi avec de la crème glacée (pour une tarte, un gâteau)* – Les Américains manient les mots français en connaissance de cause, dans le but de se distinguer socialement et intellectuellement. Ils ne sont pas très différents en cela des Européens du XVIIIᵉ siècle qui se piquaient de gallomanie. Cet usage rappelle aussi celui du latin en France, il n'y a pas si longtemps. Et peu importe qu'on ne le parle pas vraiment. Il y a un « français de cuisine » comme il y eut un « latin de cuisine ». L'important est que ça « sonne » français. C'est le cas avec l'expression *à la mode*, une formule saugrenue mais de circonstance au restaurant lorsque se pose le choix des desserts : *Would you like your blueberry pie à la mode ?* (« Désirez-vous votre tarte aux myrtilles avec de la crème glacée ? »)

ALEN DELON (russe) : *se dit ironiquement d'un bel homme présomptueux,* de « Alain Delon » – Comme s'emploie à nous le rappeler périodiquement sa marionnette aux « Guignols de l'Info », Alain Delon n'est pas n'importe qui. Alain Delon est beau. Alain Delon est intelligent. Alain Delon est riche. Alain Delon est célèbre dans le monde entier. Rien d'étonnant donc que la langue de Gogol, à son tour, lui rende cet hommage idiomatique : *Alen Delon nie piot odekolon*, littéralement, « Alain Delon ne boit pas d'eau de Cologne ». L'expression est tirée d'une chanson à succès dont voici le refrain :

> *Alain Delon parle français*
> *Alain Delon ne boit pas d'eau de*
> *Cologne*
> *Alain Delon boit un double Bourbon*
> *Alain Delon parle français*

Elle raconte les tourments d'une jeune fille pauvre amoureuse de l'acteur français, sommet pour elle de la distinction et du bon goût. Celle-ci se désole de ne connaître autour d'elle que des garçons grossiers et boutonneux ; des rustres qui se soûlent au mauvais alcool et à l'eau de Cologne (!).

ALFONS ; ALFONSERI (danois ; suédois) : *proxénète* ; *proxénétisme,* de « **Alphonse** » – Un esprit malintentionné voudrait voir dans le mot *alfonseri* une évidente origine corse, le souvenir peut-être de quelque caïd du milieu. En fait, s'il est vrai que l'île de Beauté fut jadis (?) grande pourvoyeuse en matière de voyous, *alfons* n'est qu'un des surnoms en français (le Julot, le mac, le marlou, le mecton...) donnés au proxénète. Ce terme d'argot, qu'affectionnait Alphonse Boudard dans ses livres, a pour origine la pièce d'Alexandre Dumas fils, *Monsieur Alphonse* (1873), et plus sûrement encore une chanson d'un certain Lacombe vingt ans plus tôt : *Alphonse du Gros-Caillou.*
☞ En russe, *alphonse* a le sens de gigolo, moyen à peine plus reluisant de soutirer de l'argent aux femmes.

ALPHONSE-GASTON ROUTINE (anglais) : *marque de politesse exagérée* – L'*Alphonse-Gaston routine*, ou *A-G routine*, est une manière plaisante de moquer la courtoisie excessive. *After you, my dear Alphonse ! No, after you, my dear Gaston !* qu'on pourrait traduire librement par : « Après vous, mon cher Alphonse ! Mais non, après vous, mon cher Gaston ! Mais si j'insiste ! Mais non, je n'en ferai rien !... » L'expression apparut dans une bande dessinée du groupe Hearst avant-guerre, et le choix de prénoms français n'est bien sûr pas innocent. On ne peut s'empêcher de penser à cette réplique du maréchal de Saxe à la bataille de Fontenoy : « Tirez les premiers, messieurs les Anglais ! », ou, plus près de nous, à la candidature de Paris pour les J.O. de 2012. Rien ne manqua alors de la superbe, de l'éloquence, du panache... que la victoire.

ALLE (allemand berlinois) : *de « allé »* – *Der Kaffee ist alle, Mein Geld ist alle* (« Il n'y a plus de café », « Mon argent s'est envolé »). *Alle* viendrait du participe passé du verbe *aller*. On raconte, pour en expliquer l'origine, l'anecdote de ces deux sœurs huguenotes (voir encadré p. 190-191) vendant de la dentelle et des broderies sur un pont de Berlin. Chaque fois qu'un client leur demandait un modèle qu'elle n'avaient plus, elles s'écriaient de concert : c'est allé !

ALLÉE (allemand) : *avenue, boulevard, avenue bordée d'arbres*, de « allée » – L'allée allemande doit nécessairement être longue et droite. Elle doit aussi protéger du soleil, du vent, résister à l'érosion et demeurer praticable en hiver. Désireux de faciliter le déplacement de ses troupes, Napoléon fit tracer dans toute l'Europe un important réseau de voies se pliant à ces critères. Plus d'un siècle plus tard, un dictateur moustachu fit construire des autoroutes dans un but quasi similaire. Les *Alleen* préférées des Allemands sont *Unter den Linden*, à Berlin, *Alleenring*, à Francfort ou *Königsallee* à Düsseldorf ; sans oublier bien sûr les Champs-Élysées.

☞ Le rond-point se dit *rotonde* en néerlandais, *rotonda* en italien, *rondell* en suédois, et *Karussell* en allemand.

AMBIGÚ (espagnol du Mexique) : *buffet*, de « ambigu » – L'ambigu était au XVIIe siècle un repas que l'on donnait le soir ou la nuit, à la suite d'un spectacle ou d'une fête ; un repas généralement froid où l'on servait tous les mets à la fois. À la fin du second Empire, il fut remis à la mode pour les fins de bal, les haltes de chasse, et le champagne en était la boisson fétiche. « Eh ! ce n'est point là un souper, lui dit Bois-Doré [à d'Alvinar]... ce n'est qu'un petit ambigu aux flambeaux [...] » pouvait encore écrire George Sand dans *Les Beaux Messieurs du Bois-Doré*, puis le mot sombra dans l'oubli. En France, tout au moins, car à des milliers de kilomètres

« D'ACCORD » PLUTÔT QUE « OKAY »

C'est un idée originale qu'ont eue en 2003 des linguistes allemands pour protester contre la politique américaine et la guerre en Irak : le boycott des anglicismes et leur remplacement par des équivalents français ; des mots bien présents dans le lexique, mais que l'usage tend à délaisser. Une ligne de réception d'appels a été mise à la disposition du public et des listes de vocabulaire ont circulé sur Internet. Bilan de l'initiative ? Difficile à mesurer mais on ne peut que louer cette initiative francophile.

Voici quelques-unes des suggestions :

Adieu ou *Ade* au lieu de *Bye bye*
Billet au lieu de *Ticket*
Bonvivant au lieu de *Playboy*
Chef au lieu de *Boss*
D'accord au lieu de *Okay*
Etikett au lieu de *Label*
Formidable au lieu de *cool*
Hausse au lieu de *Boom*
Haute-volée au lieu de *High society*
Karton au lieu de *Box*
Mannequin au lieu de *Model*
Ordinateur au lieu de *Computer*
Pointe au lieu de *Gag*
Revue au lieu de *Show*
Tantieme au lieu de *Royalty*
Tournee au lieu de *Tour*
Trikot au lieu de *T-Shirt*

de là, au nord du Mexique, l'*ambigú* est encore bien vivant aujourd'hui. Il désigne un buffet – le repas, et aussi l'endroit – dans une gare, un théâtre, un cinéma, où l'on peut commander un en-cas.

AMI ; AMIC ; AMICOCHONSTVO (allemand de Cologne ; roumain ; russe) : *sale type, répugnant, vaniteux ; ami peu sincère ; individu trop familier* – S'il est un faux-ami au pays du 4711 (le nom courant de l'eau de Cologne en Allemagne), c'est bien celui-là : *dä jecken Ami.* L'*amic* roumain est, lui, plus fréquentable, mais son amitié n'est pas des plus sincères. Quant au vocable russe *amicochonstvo*, inspiré par l'expression « copains comme cochons », il renvoie chez les moins jeunes à l'idée d'une familiarité excessive.

AMOUR BLEU (allemand) : *amour homosexuel* – *Amour bleu* est évoqué dans un contexte artistique ou littéraire. Il est à noter que le bleu, pour les Allemands, est l'équivalent symbolique du rose chez nous lorsqu'on évoque des amours licencieuses, les relations homosexuelles relevant il y a peu encore de cette catégorie.

ANIME (anglais, prononcer animé) : *un dessin d'animation japonais,* de « dessin animé » – *Anime* au Japon est un mot générique pour tous les dessins animés, et sans doute faut-il voir là un hommage à ces pionniers du film d'animation

LE « FRANPONAIS »

Quiconque, touriste, étudiant ou expatrié français séjournant au Japon sera certainement étonné par la place qu'occupe là-bas notre langue.

Étonné, parce que ce pays n'est pas réputé francophone. Il l'est de moins en moins même, notamment chez les plus jeunes. Et pourtant, le français s'affiche partout, à l'entrée des boutiques, des restaurants, des hôtels, sur les panneaux publicitaires, dans les journaux. Notre orgueil national en est flatté d'abord, puis il s'irrite. Les fautes d'orthographe et de syntaxe sont systématiques, et surtout ces emprunts n'ont souvent aucun sens.

Quelques exemples : *Francfranc* pour un magasin de meubles, *petitelapin* pour un restaurant, *Se Douce* ou *Madame garçon*, pour des boutiques de mode. Sur l'enseigne d'une grande parfumerie, on peut lire : *Le soleil, la mer, le loir et la brais…* ; sur celle d'une pâtisserie : *« C'est notre plaisir de continuer à fabriquer les gâteaux aimés par vous tous dans ut environnant de la ville riche de verdure »* ; sur celle d'un magasin de vêtements : *« Qu'est-ce vous aimz comme les marque ? J'aime moi aussi, j'aim »* ; sur un dépliant publicitaire : *« fabriqu en France puor travail de force »* ou *« habill madam français classique par édifice »*… Les inscriptions sur les tee-shirts valent aussi le coup d'œil : *Petale tournoiement*, *Je heureux*, *jouer à la pupe*, *J'adore Chien*, *possibilité*, *Robe de Chambre*.

Il y a aussi ces formulations involontairement drôles : *Le petit coin*, *Café de Jouir* ou *Le clos aux mouches* pour des restaurants, *Pine rose* ou *La belle touffe* pour des boulangeries, *Seconde classe* pour une boutique de luxe...

La francophilie des Japonais ne fait aucun doute pourtant, et les preuves d'amour ne manquent pas (la pâtisserie française, la cuisine française, la mode française, les voyages à Paris). Mais alors, pourquoi torturer notre langue ? En fait, si celle-ci représente des valeurs auxquelles ils sont sensibles (le luxe, le raffinement, la liberté, le prestige...), l'orthographe ou le sens des mots, dans un pays qui la parle si peu, ont tout simplement très peu d'importance.

La France peut du reste balayer devant sa porte (et ses villes). Combien ici de Jardiland, de Chaussland, de Tablapizza, de Jouetland, de Cuircenter, de Chausseria, et autres monstruosités lexicales ?

que furent Émile Reynaud, Émile Cohl ou Paul Grimault (*Le Roi et l'oiseau*). Dans le monde anglophone, le vocable renvoie à la seule production nippone.

APACHKA (polonais) : *petit foulard noué autour du cou,* de « apache » – Les Apaches fut le surnom donné aux voyous des grandes villes au tournant du XXᵉ siècle. Il fut inauguré le 12 décembre 1900 sous la plume d'Henri Fourquier dans le journal *Le Matin* : « Nous avons l'avantage de posséder à Paris une tribu d'apaches dont les hauteurs de Ménilmontant sont les montagnes Rocheuses. Peuple à demi nomade de jeunes gens sans famille, sans métier fixe, qui constitue ce qu'à la préfecture de police on nomme l'armée du crime. » Portant la casquette, le foulard rouge, un pantalon « pattes d'éph » avant l'heure, ces sauvageons chantés par Aristide Bruant furent immortalisés – et idéalisés – à l'écran par le film *Casque d'or*. Leur renommée s'étendit bien au-delà du Paname de l'époque, puisque *apach* signifie aussi vaurien, vagabond en turc, et qu'*apache* se disait encore, il y a peu, d'un souteneur en lunfardo (argot argentin).

☞ *Gawrochka* (de « Gavroche »), désigne aussi un foulard en polonais.

APART (allemand) : *particulier, original, qui a beaucoup de chic,* de « à part » – *Sie ist nicht hübsch, aber apart*, dira un Allemand d'une femme pas spécialement jolie mais qui a de la personnalité, de la classe. Dans ce sens, les anglophones parlent parfois d'une *belle laide* (voir ce mot).

☞ *Ordinaire* aux Pays-Bas et *ordynarny* en Pologne ont le sens de vulgaire ; *ordinar* franchit un pas supplémentaire en Roumanie puisqu'il signifie abject, ignoble.

APARTMAN ; APARTEMAN ; APARTAMIENTE ; APARTAMENT ; APARTMA ; APPARTEMENT, APARTMENT (turc ; persan ; russe ; polonais ; hongrois ; tchèque ; allemand) : – Se loger n'est pas chose aisée dans les grandes villes. Mais quand les mots n'ont pas le même sens pour tous, c'est encore moins facile. On notera ainsi que, si *apartman* en turc et *aparteman* en persan signifient parfois un immeuble, *apartamiente, apartament, apartman* et *apartma* désignent respectivement pour les Russes, les Polonais, les Hongrois et les Tchèques un appartement de luxe ou une suite dans un grand hôtel. Quant à l'Allemagne, elle ne clarifie guère les choses puisque, si *Appartement* correspond chez elle aussi à une suite ou un appartement luxueux, *Apartment*, venu par l'anglo-américain, ne désigne plus qu'un studio, perdant au passage deux lettres et beaucoup de sa surface.

APRÈS-SKI (anglais, allemand) : *activités d'après-ski* – On l'a compris, *après-ski* pour les Anglais ou les Allemands, signifie bien autre chose que des *snowboots*. Cette expression courante et plutôt snob dans la middle-class anglaise englobe toutes les activités succédant à la fréquentation des pistes (shopping, sorties au restaurant, au night-club). Les Allemands parlent même délicatement d'*Après-Ski Sport* pour suggérer un exercice plus privé.

☞ *Chalet* ou *chalé* désigne en espagnol une maison individuelle, un pavillon.

À PROPOS DES BOTTES (anglais) : *hors de propos, sans motif important* – Cette formule d'un emploi rare aujourd'hui signale un brusque changement de sujet dans une conversation. Elle tire son origine de l'œuvre de Jean-François Regnard (1655-1709), contemporain de Molière resté dans les mémoires pour sa comédie *Le Légataire universel*. La pièce en cause ici s'intitule *Le Distrait*. Elle fut publiée en 1697 et contient très précisément cette réplique : « Mais, Monsieur, à propos des bottes, comment se porte votre mère ? » On trouve encore l'expression chez Joseph Conrad, ainsi dans son roman *Under Western Eyes* (*Sous les yeux de l'Occident*) : « *And you say he came in to make you this confidence like this – for nothing –* à propos des bottes. » (« Et vous dites qu'il est venu vous faire cette confidence comme ça – pour rien – *à propos des bottes.* »)

ARAZZO, ARRAS (italien, anglais, polonais...) : *tapisserie (d'art),* de la ville d'« Arras » (Pas-de-Calais) – Non, les Gobelins ne sont pas les inventeurs de cette industrie française par excellence qu'était et que demeure la tapisserie d'art. C'est en effet la ville d'Arras qui, à l'aube du XIVᵉ siècle, non seulement en conçut le principe, mais en tira aussi un juteux commerce étendu à l'Europe entière. Le nom d'Arras devint alors pour tous ces pays synonyme de tapisserie. En témoignent *arazzo* pour l'italien ainsi que *arras* pour le polonais et l'anglais, autant de souvenirs d'une production brillante dont il subsiste hélas peu d'exemplaires. Cette activité, qui fit de la capitale artésienne l'une des cités les plus prospères des provinces du Nord, entama son déclin lorsque la cour de Bourgogne, pour se fournir, se tourna vers Bruxelles. Le coup de grâce fut porté en 1479 par le roi Louis XI, qui, à l'issue d'une lutte victorieuse contre Charles le Téméraire, mit la ville à sac. Arras, depuis lors, a plutôt « fait tapisserie » dans l'histoire de cette noble industrie, laissant à la manufacture royale des Gobelins (voir ce mot) le soin de reprendre, quelques siècles plus tard, le flambeau du génie français.

ATTRAPPE ; ATRAPA (allemand ; tchèque, polonais) : de « attrape » – De piège pour « attraper » les animaux, l'attrape française devint au XVIe siècle une duperie, une mystification, et ne s'emploie plus de nos jours que dans les expressions « farces et attrapes » ou « attrape-nigaud ». L'*Attrappe* allemande, elle, empruntée au XIXe siècle, a développé, comme l'*atrapa* polonaise et tchèque, une riche palette sémantique autour de l'idée de tromperie. C'est d'abord un article factice, une contrefaçon, la copie d'un objet de valeur. Dans le domaine artistique, c'est ensuite un trompe-l'œil, et dans le domaine militaire, un leurre. Récemment, le mot a investi le jargon sécuritaire avec la *Kamera-Attrappe* (*kamera-atrapa*), une caméra de surveillance factice censée dissuader les malfaiteurs. *Das ist nur Attrappe* (« C'est de la fumisterie, de la poudre aux yeux ») diront ceux qui ne croient guère à ces instruments, vrais ou faux.

AU PREMIER COUP (anglais) : *technique de peinture en une séance,* alla prima – Prisée par les impressionnistes, et bien avant eux par Vermeer, cette technique de peinture à l'huile, qu'on appelle plus volontiers en France *alla prima*, signifie qu'un tableau est réalisé en une fois, pour mieux saisir le vif d'une scène ou d'un paysage.

☞ *Larpourlartist*, de l'expression « l'art pour l'art », a le sens en croate de puriste, d'artiste sans concessions ; un artiste parfois aussi trop attaché au style, à la forme, au détriment du sens de l'œuvre.

AUTEUR (anglais) : *réalisateur de cinéma ayant un style propre* – *Auteur* désigne en anglais un réalisateur de cinéma ayant un univers et un style personnels ; notion déroutante chez nombre d'Américains pour lesquels un film demeure une production collective sans vraie dimension artistique. Le mot fait référence à la « politique des auteurs » défendue avec force, entre 1951 et 1958, par les théoriciens et les critiques français dans les *Cahiers du Cinéma*. Grâce à leurs efforts, les Hitchcock, Hawks,

NEW ANGOULÊME

New York ne s'appelle New York que depuis 1664.

Avant cette date, elle s'est appelée New Amsterdam. Et encore avant : La Nouvelle Angoulême. Nous sommes alors en 1524, et François Ier, le vainqueur de Marignan, confie au navigateur d'origine florentine Jean de Verrazane (Giovanni Da Verrazano) le soin de découvrir une nouvelle route commerciale vers l'Asie. Après quelques semaines de traversée à bord de la *Dauphine*, Verrazano découvre le site où se dresse aujourd'hui la « Grosse Pomme ». « Les gens d'ici sont fort curieux et tout parés de plumes multicolores, mais l'endroit est des plus agréables, écrit-il au roi de France. Situé au milieu de petites collines escarpées, c'est une grande baie. Il est tout à fait possible d'y faire naviguer un grand vaisseau [...]. »

En l'honneur de François Ier, ancien souverain de l'Angoumois, il baptise l'endroit « Angoulesme ». Et en celui de sa sœur, l'influente Marguerite de Valois, il gratifie du nom de Sainte-Marguerite l'actuelle baie de New York.

C'est en hommage, à son tour, à ce grand navigateur, que quatre cent quarante ans plus tard, la ville a donné son nom au gigantesque pont qui enjambe sa baie.

Lang, Preminger furent enfin reconnus à leur juste valeur, celle de grands artistes.

☞ Le *Regisseur* allemand et le *rijisseur* russe désignent non le « régisseur », celui qui en France organise matériellement un tournage ou une représentation, mais le réalisateur ou le metteur en scène.

AUX MAINS (suédois) : *personnel, en main propre* – Nombreuses en français sont les formules idiomatiques comportant le mot main (cousu main, forcer la main, passer la main, s'en laver les mains, etc.) et fréquentes sont donc les occasions pour un étranger non aguerri de s'y perdre dangereusement. Celui-ci, sur ses gardes, est-il au moins fondé à placer sa confiance dans une expression française adoptée deux siècles plus tôt par son propre lexique ? Il s'en faut de beaucoup comme en témoigne chez les Suédois l'exemple de *aux mains*, dans le sens de « personnel » pour un courrier, « à remettre en mains propres ». Chaque année, paraît-il, des étudiantes ou baby-sitters suédoises, convaincues de leur bon français, couchent innocemment cette formule sur leurs enveloppes.

☞ Le *Couvert* allemand est une enveloppe.

AVEC (suédois, norvégien, finnois...) : *digestif, pousse-café, liqueur* – « Un café avec le petit verre ! » demandaient autrefois les Français à la fin d'un repas. Il en est resté sur la carte des bons restaurants nordiques l'expression *Kaffe med avec* (suédois, littéralement « café avec *avec* »...) ou *Kahvi avec* (finnois) signalant que le café est accompagné d'un digestif. En Finlande, outre ce sens, *avec* peut signifier le compagnon ou la compagne. Sur une invitation, par exemple, le simple mention *avec* suggérera que l'invité peut venir accompagné. Enfin, d'un geste généreux et plein d'élan, on dira à Berlin qu'il est fait *mit Avec* (« avec *avec* »).

B

BABOUR (amharique) : *chemin de fer,* de « **vapeur** » – Les premières relations entre la France et l'Éthiopie datent de l'époque de Louis XIV, et un récent prix Goncourt (*L'Abyssin*), en a même fait son sujet. Les liens entre les deux pays prendront une tout autre ampleur avec la construction du chemin de fer franco-éthiopien, unique voie d'accès reliant Djibouti à Addis-Abeba (784 km). Commencée en 1897, sa construction s'achèvera vingt ans plus tard ; un temps suffisant pour que les mots français, par centaines, intègrent l'amharique, langue officielle de l'Éthiopie. Encore bien vivants de nos jours, ceux-ci concernent surtout les domaines scolaire et militaire. *Korredja* en est un exemple. Issu de « corriger », ce mot avait le sens initial de corriger sa copie en copiant celle de son voisin. *Astemarioun Korredja* signifiera aujourd'hui imiter son professeur pour s'en moquer. *Kouché* (voir ce mot), de « position couchée », en est une autre illustration. Mais, à tout seigneur tout honneur, le chemin de fer, qui transporta une grande part de ce lexique, possède encore de nos jours le nom de *babour* ; même si les trains sur cette ligne fonctionnent aujourd'hui à l'électricité.

BAGAGE, BAGGAGE (allemand, anglais pop.) : *canaille, racaille ; vaurien, fripon* – Voyager léger est une excellente chose, mais lorsqu'on est allemand et qu'on n'aime pas les ennuis, mieux vaut ne pas s'encombrer d'un *Bagage*. « *Verschwinde, du und deine ganze Bagage !* » (« Va-t'en, toi et toute ta racaille ! ») s'emporte Mme Müller à l'endroit de son fils et de ses amis insupportables. Mme Smith, quant à elle, déplore l'insolence de sa fille : « *You little baggage !* » Des sens assez proches, en vérité, qui renvoient tous deux à une vieille acception française encore présente chez Molière (« bagasse ») ou Clément Marot (« bague »). Le « bagage » désignait à l'origine les civils attachés à une armée en campagne, des personnes jugées moins estimables que les soldats.

BAISER ; BEZE (allemand ; russe, polonais, turc, grec...) : *meringue* – Un grand classique du quiproquo linguistique que ce baiser pâtissier : « *Bonjour madame Müller – Bonjour monsieur le boulanger – Qu'est-ce que je vous sers aujourd'hui ? – Donnez-moi s'il vous plaît une baguette et deux baisers...* » Remplacez Mme Müller par Mmes Ivanov, Kowalski, Gulmez ou Papadopoulos et l'effet produit sera le même. Pourquoi « baiser » ? On l'ignore. Et pourquoi pas *Kuss*, sa traduction allemande ? Peut-être parce qu'il existe déjà outre-Rhin une pâtisserie du nom de *Negerkuss* (le « baiser de nègre »).

BALANÇAGE (italien) : – Le français est la langue du cyclisme, officieusement sinon officiellement. C'est en France que fut inventée la petite reine, en France que se déroule la plus prestigieuse des courses cyclistes, en France enfin que se recrutèrent longtemps les plus grands champions. On ne s'étonnera donc pas si nos voisins espagnols, portugais, italiens, néerlandais, allemands ont puisé largement dans notre langue pour se constituer leur jargon, ainsi *démarrage, finisseur, maillot, repêchage, coup de pompe, grimpeur, soigneur, plateau,* en espagnol ou en italien, *ravitailleren, attaqueren, surplace* en néerlandais, *Peloton, Etappe* en allemand, jusqu'au roumain *bicicleta, ghidon, cascheta, maieu...* Ces gallicismes ont le plus souvent le sens qu'on leur connaît ici ; à quelques exceptions près dont, en italien, *balançage.* « Balançage » signifia un temps dans notre langue heurter un coureur concurrent pour le faire tomber. À peine plus loyal, le *balançage* transalpin consiste, pour un coureur, à zigzaguer devant ses poursuivants pour éviter d'être doublé.

☞ *Balance* a le sens d'équilibre en allemand et en russe, et de bilan en espagnol.

BALDUQUE (espagnol) : *ruban pour dossiers, paperasse,* de « Bois-le-duc » – Comme Jérôme Bosch, le *balduque* est né à Bois-le-Duc, dans le Brabant septentrional. Cette ville, s'Hertogebosch pour les Hollandais, Bolduque pour les Espagnols, était à l'époque un important centre commercial pour la draperie, fameux notamment pour ses rubans. Hasard des déambulations lexicales, le ruban de Bois-le-Duc, tout en restant ruban, a pris des acceptions fort différentes en France et en Espagne. Chez nous, c'est le bolduc, illustré joliment dans l'un de ses romans par Hervé Bazin : « Cinq paquets enveloppés de papier-fête ficelés en croix avec des choux de bolduc [...] » ; un accessoire, donc, uniquement voué aux cadeaux et à la fête. En Espagne, c'est le *balduque*, ce triste ruban rouge qui lie les dossiers administratifs. L'administration en est (fut) même tellement friande que le mot est à présent synonyme de paperasse.

BAÑHE (vietnamien) : *filou, mal élevé,* **phonétiquement de « panier »** – Cette expression familière est employée surtout dans le Sud-Vietnam (ancienne Cochinchine), où la présence française était la plus forte. Les épouses de colons avaient alors recours, pour porter leurs courses, aux gamins des rues. Certains de ceux-ci ne manquaient pas de chaparder dans les paniers, et l'imagination populaire fit le reste.

BARDOTKA (polonais) : *soutien-gorge pigeonnant,* de « Brigitte Bardot » – Un soutien-gorge est-il dit pigeonneant parce que les seins qu'il renferme semblent de jolis pigeonneaux, ou parce que ceux qui les admirent se font « pigeonner » ? Question subalterne en ce qui concerne BB, dont la plastique de rêve se moquait bien des artifices. Reste que le nom de la plus grande star française est attaché en Pologne à ce type de soutien-gorge qui fait paraître haute et ronde la poitrine la plus menue.

Dans un registre plus prosaïque, signalons que *Bardotka* est également le nom donné par les Slovaques à un modèle de locomotive d'apparence « bustée ».

☞ Le soutien-gorge se dit en portugais « soutien », en roumain « sutien » et en grec « sutin ».

BARGOENS (néerlandais) : *argot,* de « baragouin » – La pratique, ou à tout le moins la compréhension de l'argot, à côté d'une langue nationale, est signe de bonne santé pour un peuple. Elle participe de ces niveaux de langage sans lesquels un idiome ne serait plus qu'un simple « outil de communication ». Fort heureusement, il n'y a pas péril en la demeure et, au « royaume d'Argot », les sujets-locuteurs ne manquent pas. *Slang*, dans les pays anglo-saxons, *gergo* en Italie, *calao* au Portugal, *caliche* au Mexique, *lunfardo* en Argentine, *giria* au Brésil, *hianchang* en Chine... chaque pays a sa manière de nommer la « langue verte ». Les Tchèques parlent toutefois d'*argot*, et les Turcs d'*argo*, mais il y a plus étonnant : le *bargoens*. Ce mot hollandais s'inspire de notre « baragouin », « langue, selon le Robert, que l'on ne comprend pas et qui paraît barbare » ; un mot breton à l'origine, signifiant « pain » (*bara*)

39

et « vin » *(gwin)*. L'occasion de rappeler que la connaissance des parlers régionaux, comme celle de l'argot ou des langues étrangères, ne menace pas le français mais l'enrichit au contraire.

BATACLÁN, BATACLÁNA (lunfardo) : *music-hall, girl de music-hall,* **de la salle de spectacles le** « **Bataclan** » – Quand le mot ne désigne pas en français un attirail, un équipage embarrassant, c'est le nom d'une célèbre salle de spectacles parisienne. Mais il n'y a plus grand-chose de commun entre le Bataclan d'aujourd'hui et celui de naguère, architecturalement tout au moins. Bâti en 1864 par Charles Duval, l'édifice avait alors la forme d'une pagode et pouvait accueillir jusqu'à 2 500 personnes. Il tenait son nom d'une bouffonnerie d'Offenbach racontant, dans une Chine des plus fantaisistes, les aventures de Fé-Ni-Han, l'empereur, et Ko-Ko-Ri-Ko, le chef des conjurés ; *Ba-Ta-Clan* était leur chant révolutionnaire. La salle de la rue Voltaire fit salle comble pendant des décennies, accueillant sur sa scène les meilleurs spectacles de l'époque, revues, comédies, opérettes, ainsi que les plus grands artistes (Mistinguett, Maurice Chevalier...), mais elle connut aussi bien des vicissitudes : échecs, faillites, rachats, *et tout le bataclan...* La dernière en date fut sa démolition pour des raisons de sécurité en 1950 et sa reconstruction sans éclat. Mais entre-temps le succès avait fait son œuvre, propageant la renommée de l'établissement au-delà des mers, grâce notamment à la revue *Bataclán de Paris* en 1922. C'est à cette occasion que les mots *bataclán* et *bataclána* (voir « soubrette ») firent leur apparition dans l'argot argentin.

FRAISES DES BOIS

Si les éléphants étaient roses, assurent certains, on les confondrait avec les fraises des bois.

Les employés de la Poste roumaine, eux, ont longtemps cru que le mot « fragile » sur les colis désignait ces petites baies au goût savoureux. Ignorants du français et trompés par l'homographie – fraises des bois s'écrivant *fragile* en roumain – ils s'étaient convaincus qu'on devait manier ces colis comme les délicats fruits rouges : avec précaution.

BATISTA (roumain) : *mouchoir,* de « batiste » – « Il y avait de tout, en effet... des corsets de soie, des bas de soie, des chemises de soie et de fine batiste [...] » écrivait en son temps Octave Mirbeau dans *Le Journal d'une femme de chambre.* La batiste (de « batiche », battre) était alors une toile fine et blanche de lin ou de chanvre dont on faisait les draps, les sous-vêtements et les mouchoirs. Le mot ne s'emploie plus guère aujourd'hui dans notre langue ; grâce soit donc rendue au mouchoir roumain d'en conserver le souvenir.

Baton (russe) : de « bâton » – Le mot « bâton » est riche en français d'une multitude de sens ; et d'expressions idiomatiques pas moins (« à bâtons rompus », « une vie de bâton de chaise », « donner du bâton », « mettre des bâtons dans les roues »...). Le *baton* russe est très polysémique également. Dans le domaine alimentaire, c'est d'abord ce pain industriel typique de l'ère soviétique, blanc, très sec et plutôt lourd, qui reste le plus consommé en Russie, et c'est aussi le saucisson. Forme cylindrique des boutons d'autrefois ou cousinage phonétique avec ce mot ? *Baton* désigne en outre le bouton de vêtement et, par extension, une chemise d'homme avec de très nombreux boutons. C'est par ailleurs la touche d'un clavier d'ordinateur et un minibus de chantier. Enfin, dans un registre plus familier, *baton* et *batonchik* (littéralement « petit pain ») ont le sens respectif de prostituée et jeune prostituée. ☞ La baguette du chef d'orchestre ou du sorcier (le collège de « *Beauxbâtons* » dans *Harry Potter*...) portent le nom de *baton* en anglais, et le (bâton de) rouge à lèvres, celui de *bâton* en portugais.

Beau ; beau ideal ; beau sabreur (anglais) : – Le « Beau », dans une acception française devenue désuète, était un homme élégant, distingué. On parlait ainsi au XIXe siècle du Beau Brummel ou du Beau d'Orsay, deux célèbres dandys parisiens. L'idée n'a survécu dans notre lexique que grâce au « vieux beau », un homme d'un certain âge ridiculement coquet. Le *beau* anglais (et autrichien) a gardé, lui, toute sa fraîcheur. C'est un homme attaché à son apparence et, plus encore, à la séduction du beau sexe. Aux États-Unis, c'est en outre le prétendant d'une jeune fille, et plus communément encore, son petit copain, son *boyfriend*. Le « beau idéal », de son côté, renvoyait en France il y a plus d'un siècle à la quête de la perfection, de l'absolu, dans l'expression artistique. Celle-ci n'étant plus à l'ordre du jour, l'expression a été retirée des cimaises et n'a plus cours aujourd'hui que dans les pays anglo-saxons. Elle y a le sens de modèle, d'idéal ; de « paradigme », diraient les cuistres. « *Ronald Reagan remains the beau ideal for a generation of ambitious Republicans* » (« Ronald Reagan demeure le modèle d'une génération de Républicains ambitieux »), a-t-on pu lire dans le *Washington Post*. Le *beau sabreur* désigne enfin, en anglais toujours, un aventurier fougueux, fringant. Ce surnom fut attribué initialement au beau-frère de Napoléon et roi de Naples, Joachim Murat, puis à un autre baron d'Empire, Augereau. Outre-Atlantique, est qualifié de *beau sabreur* aussi ce massacreur d'Indiens à grande échelle – et néanmoins héros national – que fut le général Custer.

☞ *Beau Geste*, *Beau Sabreur* et *Beau Ideal* sont trois livres à succès écrits dans les années 1920 par l'Anglais Percival Christopher Wren. Ils évoquent la Légion étrangère et furent adaptés au cinéma avec, dans les rôles-titres, Gary Cooper et Ray Milland.

BEAULAH ; SO LALA (anglais ; allemand) : de « beau » et « oh la la » ; de « oh la la » – L'expression française la plus célèbre dans le monde est une interjection : « Oh la la ! » Accompagnée le plus souvent d'un certain geste de la main, elle signe notre identité aussi sûrement que le caquètement pour la poule ou le miaulement pour le chat. Le mot anglais *beaulah*, qui s'en inspire, s'emploie par moquerie à l'encontre d'un homme efféminé ou qu'on croit homosexuel. Postérité également chez nos voisins allemands, où *so lala* signifie comme-ci comme-ça. « *Wie geht es dir Erika ? – So lala.* » (« Comment vas-tu, Erika ? – Pas terrible. »)

BEAUMONTAGE (anglais) : *mastic à reboucher, enduit,* de « Élie de Beaumont » – Nul n'est prophète en son pays, c'est ce que doivent penser les descendants d'Élie de Beaumont lorsqu'ils arpentent les rayons de quelque droguerie britannique. Comment expliquer sinon que ce grand géologue français (1798-1874), précurseur dans l'observation des montagnes et de leur formation, n'ait pas vu, en France comme outre-Manche, un semblable produit baptisé de son patronyme ? À la réflexion cependant, ce n'est pas une si mauvaise chose car le « *beaumontage* », passé dans l'ordre du figuré, désigne aujourd'hui un travail (littéraire en particulier) gâché, bâclé.

BEL ETAGE ; BELETAJ (allemand, néerlandais, polonais ; russe…) : *premier étage* – Pour de nombreux locuteurs d'Europe centrale ou orientale, c'est l'étage le plus prestigieux dans une résidence officielle ou un hôtel particulier, celui où l'on reçoit ses invités ; c'est-à-dire le plus souvent le premier étage. Dans tous ces pays, *Bel Etage* est aussi le nom donné à d'innombrables établissements de luxe dans les domaines de l'hôtellerie, la restauration, la décoration, le divertissement… En Russie, le *beletaj* est aussi la partie d'une salle de spectacles située au-dessus des fauteuils d'orchestre, autrement dit la corbeille.

☞ Le *Chefetage*, outre-Rhin, est l'étage réservé à la direction d'une société.

BELLE LAIDE (anglais) : *femme à la beauté originale* – Il est amusant d'entendre dans une bouche anglophone « comme disent les Français » au sujet d'expressions que nous ne connaissons pas. C'est le cas avec « belle laide », un oxymore qui paraît prendre sa source dans le jugement par Berlioz d'une cantatrice fameuse en son temps : Pauline Viardot. L'expression s'applique aux femmes qui suscitent l'attirance et le désir en dépit d'une beauté non orthodoxe. Des noms ? Yvette Guilbert, Bette Davis, Patti Smith, Meryl Streep, Sofia Loren… Notre époque, ou plutôt son trivial reflet, la télévision, serait plutôt riche du contraire : la « hideuse beauté ».

☞ *The belle of the ball* (« la reine du bal ») désigne en anglais la plus belle dans un groupe ou une soirée.

BELMONDO (russe) : de « Jean-Paul Belmondo » – Après Alain Delon et Brigitte Bardot, voici tombé dans le domaine commun un autre de nos célèbres septuagénaires. Au pays d'Eisenstein et de Tarkovski, *belmondo* désigne familièrement un homme qui se croit beau et irrésistible ; *belmonda* ayant le même sens pour une femme.

BICICLETA (espagnol d'Argentine) : *magouille, combine*, de « bicyclette » – Pourquoi ce sens ? Tournons-nous vers le verbe *bicicletear*, qui signifie rouler autrui, et on tient l'explication.

BIJOU ; BIZSU ; BIZU (allemand, anglais ; hongrois ; portugais du Brésil) : – Le *Bijou* allemand doit inspirer une légitime méfiance. C'est un bijou de pacotille, tout comme le *bizsu* (prononcé bijou) hongrois. Le *bijou* anglais, lui, se situe aux antipodes. C'est un objet d'art d'une facture délicate, ce qui rappelle le sens de ce mot au XVIIe siècle en France : petite curiosité servant à orner une chambre ou un cabinet. Ce peut être aussi, dans la langue de Shakespeare, un petit logement coquet. Quant au *bizu* brésilien, bien qu'immatériel, il n'en est pas moins précieux parfois : c'est un petit truc, un conseil.

BILLET (anglais) : *cantonnement (chez l'habitant)*, de « billet de logement » – La dernière fois qu'on parla de « billet de logement » dans l'Hexagone, ce fut lors de la calamiteuse campagne de 1939-1940. En ces circonstances comme durant plusieurs siècles, l'expression eut le sens d'un écrit officiel ouvrant droit, pour un soldat, à un logement réquisitionné. Ce cantonnement chez l'habitant, à côté des misères de la guerre, fut parfois le lieu de certains rapprochements. C'est grâce à un billet de logement, par exemple, que l'officier Bernadotte rencontra la jeune Désirée Clary, prélude à la fondation d'une dynastie royale. Ce morceau de papier a donné naissance en outre à une locution idiomatique dont on ne connaît plus que la première partie : « avoir un nom à coucher dehors avec un billet de logement dans la poche ». Chez les anglophones aujourd'hui, *billet*, entendu comme substantif ou verbe, ne concerne plus seulement le logement chez des particuliers mais le cantonnement en général.

☞ Le *Billeteur* est en Autriche un ouvreur au théâtre ou au concert, cette fonction étant souvent exercée par les hommes.

BISOÑÉ (espagnol) : *faux-toupet, moumoute,* de « besogneux » – Il fut un temps où la perruque, comme aujourd'hui les vêtements de marque ou les hobbies, signait votre rang dans la société. Tous ne pouvaient s'en offrir, à commencer par les miséreux, appelés alors « besogneux ». En

Espagne, où l'on n'est pas peu fier de sa personne, il y en eut cependant de ces pauvres diables qui, ne pouvant se payer une perruque entière, n'en portaient qu'une moitié. L'association d'idées fit le reste (voir *toupee*).

BLÜMERANT (allemand, surtout berlinois) : *dans l'expression « Mir ist ganz blümerant » : la tête me tourne, je me sens tout drôle (d'appréhension),* de « bleu mourant » – Le bleu mourant était, au XIXe siècle, un bleu pastel très pâle dont Frédéric le Grand, roi de Prusse, fit recouvrir ses services de table en porcelaine. L'expression qui en découla vient sans doute de ce fait que certains visiteurs pâlissaient d'appréhension lors des entrevues royales, s'identifiant ainsi à cette couleur. Peut-être craignaient-ils un oral approfondi de français devant ce monarque qui ne tolérait l'usage d'aucun autre idiome à sa cour. À cette époque, en effet, la Prusse, plus que n'importe quel autre État européen, connaissait une francophilie galopante et Frédéric II lui-même tenait sa propre langue pour un « jargon barbare ». Voltaire, hôte de marque et interlocuteur privilégié du souverain pendant des années, le note dans son journal : « La langue qu'on parle le moins à la Cour, c'est l'allemand. Je n'en ai pas encore entendu prononcer un mot. Notre langue et nos belles lettres ont fait plus de conquêtes que Charlemagne. » À toutes fins utiles, précisons que le bleu mourant n'était nullement le bleu de Prusse actuel, beaucoup plus foncé, qui se nomme *preussigblau* en allemand et bizarrement bleu parisien en néerlandais.

BLOUSE ; BLUSE ; BLUSA ; BLUZA ; BLOUZKA (anglais ; allemand ; portugais ; roumain ; polonais) : *chemisier* – Le mot possède une lointaine origine germanique. Il a pris en France le sens qu'on lui connaît aujourd'hui, puis celui, éphémère, de chemisier. C'est habillé de la sorte qu'il passera les frontières – avec un franc succès. Des expressions en découleront même. *Sie hat ganz schön in der Bluse !*, s'extasiera un Allemand devant un décolleté suggestif. Par goût de la métonymie, mais surtout du beau sexe, *Bluse* sera pour lui également la porteuse dudit vêtement. *Erika ist eine heisse Bluse* (« Erika est une nana excitante »).

☞ *Fermejup* désigne en turc le bouton-pression.

BONBON ; BOMBÓN ; BOMBONIERKA (anglo-américain, néerlandais ; espagnol ; polonais) : *chocolat ; boîte de chocolats* – Chez les Espagnols (*bombón*) et les Hollandais (*bonbon*), ce que le Petit Robert définit ordinairement comme « une petite friandise, de consistance ferme ou dure, faite de sirop aromatisé et parfois coloré », prend le sens de chocolat fourré, de bouchée de chocolat. Pour les Espagnols et les Américains, par ailleurs, *bombón* et *bonbon* s'appliquent au figuré à un homme ou une femme physiquement attirants. *He was very bonbon, but not gay.* (« Il était très mignon mais pas gay. »)

☞ La *kouwertura* polonaise ou grecque désigne le nappage en chocolat des gâteaux.

BONJURICA ; MONSERICA (roumain) : de « bonjour » ; de « mon cher » – La francisation du roumain atteignit des sommets dans la deuxième partie du XIXᵉ siècle, suscitant l'ironie d'auteurs de théâtre comme Costache Facca, Vasile Alecsandri ou Ion Luca Caragiale. *« Imagine-toi, mon ami, cã sint de doi ani supleant de tribunal. Cela tue le mérite. Sã trãiesc en cu douã sute cincizeci lei pe lunã… ? C'est triste, mon ami, il n'y a pas de carrière chez nous »*, fait dire, dans un jargon des plus bigarrés, Ion Ghica à l'un de ses personnages. De nombreux « frantuzismes » sont parvenus jusqu'à nos jours, ainsi les formules de politesse *bonjur, bonsoar, mersi, au revoir, ma chère, mon cher, pardon, rendez-vous*, utilisées maintenant dans les milieux populaires. Certaines parmi ces dernières ont pris une inflexion délibérée. C'est le cas de *bonjurica*, salut du bout des lèvres qui mêle la politesse à un certain mépris, et de *monserica*, plein d'ironie pour la personne à qui l'on s'adresse.

☞ Un *Eleve* allemand est un étudiant en art dramatique, en danse, et un *artist* iranien est nécessairement un comédien.

BONJURIST (roumain) : de « bonjour » – Autrefois péjoratif, le mot désignait un jeune Roumain ayant fait ses études en France et qui, revenu dans son pays, privilégiait l'emploi du français dans sa vie quotidienne ; remplaçant notamment le *bunā ziua* local par le « bonjour » des Français. Le terme s'est imposé ensuite, de manière bien plus positive, dans les années prérévolutionnaires de 1848 pour désigner les Roumains progressistes et indépendantistes (les provinces de Moldavie et de Valachie étaient alors sous suzeraineté turque), imbibés des idées françaises de liberté. Le *bonjurism* est l'ensemble des conceptions sociales et politiques des *bonjuristi* et constitue toujours une référence dans la Roumanie contemporaine.

BONVIVANT ; BONVIVAN ; BON VIVEUR (allemand ; tchèque ; anglais) : – Le bon vivant français aime les plaisirs de la vie, mais il n'en abuse pas ; épicurien plutôt qu'hédoniste en somme. Ses homologues allemand et tchèque, eux, se rangent plus volontiers du côté des noceurs, fêtards et autres bambocheurs. Il n'y a que sur scène, comme personnage de théâtre, qu'il regagne en Allemagne quelque dignité, adoptant des allures élégantes et mondaines ; ce qui le rapproche du *bon viveur* anglo-saxon. Ce dernier nous rappelle que le « viveur » était autrefois chez nous un débauché, un jouisseur invétéré ; une sorte de *Bonvivant* allemand. Chez les anglophones, en revanche, si le *bon viveur* aime les plaisirs, il les pratique avec raffinement, suscitant l'envie plutôt que la réprobation. Il se situe en fait entre le play-boy et le gentleman.

BOURBON (anglo-américain) : *politicien réactionnaire, passéiste* – « Ils n'apprennent rien et n'oublient rien », disait-on de cette dynastie qui régna en France de 1589 à 1793 ; « Ils », ce furent surtout ses deux ultimes représentants, Louis XVIII et Charles X. Aux États-Unis, quand il n'évoque ni le whisky local ni quelque ville du Kansas ou du Missouri, *bourbon* a le sens de réactionnaire. Mais attention, dans un pays où l'idéologie est un gros mot, cette notion s'applique à la gauche comme à la droite et qualifie simplement les politiciens trop attachés à l'ordre social ancien et aux idées du passé. *Bourbon* désigne plus spécifiquement les Démocrates sudistes ultraconservateurs.

BOUTONNIÈRE ; CORSAGE (anglais ; anglo-américain) : *fleur (à la boutonnière) ; petit bouquet de fleurs décoratif* – Voici deux beaux emprunts qui ont les fleurs pour point commun. Les langues, on le sait, affectionnent l'économie, la concision ; l'anglais surtout. Alors quand se présentent à cet idiome des expressions telles que « fleur à la boutonnière » ou « bouquet de corsage », et qu'aucune confusion ne semble à redouter, il a tôt fait de prendre ses ciseaux. Dans le premier cas, ne restera que la *boutonnière*, dans le second, le *corsage*. Un *corsage*

CHACUN À SON GOÛT *

Américains et Britanniques emploient au quotidien de nombreux mots français. Mais ce ne sont pas nécessairement les mêmes.

En voici quelques exemples :

anglo-britannique	anglo-américain	français
aubergine	*eggplant*	aubergine
bonnet	*hood*	capot (de voiture)
cagoule	*wind break*	coupe-vent, anorak
carousel	*merry-go-round*	manège
cinema	*movie theater*	salle de cinéma
coffin	*casket*	cercueil
costume	*swimsuit*	maillot de bain
courgette	*zucchini*	courgette
cul-de-sac	*dead end*	impasse
diversion	**detour**	déviation
duvet	*comforter*	sac de couchage
flat	**apartment**	appartement
flan	*pie, fruit pie*	flan, tarte
guillotine	*paper cutter*	massicot
hairslide	**barrette**	barrette (à cheveux)
hall	*foyer*	vestibule
haricots	*dried beans*	haricots
music-hall	**vaudeville**	music-hall, variétés
patience	*solitaire*	réussite
portmanteau	*suitcase*	malle
queue	*file (of waiting)*	file d'attente
summary	**résumé**	curriculum vitae
sachet	*packet*	sachet
raisin	*sultana*	raisin sec
WC	**toilet**	toilettes, W-C

* Formulation anglaise.

compris par les Américains comme un petit bouquet (d'orchidées en général), fixé à une taille, une épaule ou un poignet féminins lors d'événements importants. Plus généralement, le *corsage* est aujourd'hui un accessoire de mode figurant un bouquet.

☞ Beaucoup moins innocent, le *Corsage* allemand, outre le sens qu'on lui connaît en France, désigne une guêpière.

BRASSIERE ; BRASSIÈRE ; BRASIERÄ (anglais ; espagnol du Mexique ; roumain) : *soutien-gorge* – Deux femmes se disputent la paternité (maternité ?) du soutien-gorge : l'Américaine Mary Phelps Jacob, dite Caresse Crosby, et la Française Herminie Cadolle (1845-1926). La première invente en 1905 un modèle qui se voit consacré deux ans plus tard par le magazine *Vogue USA* sous le nom de *brassiere*, un ancien vêtement français. La seconde crée, dès 1889, un sous-vêtement deux pièces constitué d'un corset pour la taille et d'une partie haute, nommée soutien-gorge, qu'elle vendra bientôt séparément. Mais l'histoire d'Herminie Cadolle est assez incroyable pour qu'on en dise deux mots. Ouvrière-corsetière, elle a 25 ans quand se déclenche en 1870 l'insurrection de la Commune. Elle se lie d'amitié avec Louise Michel, l'égérie du mouvement, et rejoint les « pétroleuses », ces femmes qui allumaient des incendies avec du pétrole. Menacée par la répression versaillaise, elle s'embarque alors pour l'Argentine. Là, elle se mue en femme d'affaires et fournit les élégantes en lingerie fine. Après quoi, l'amnistie proclamée, elle revient en France et crée un atelier de 600 ouvrières qui habillera le Tout-Paris. Le soutien-gorge, désormais, devient objet de séduction, celui-là même que de nouvelles pétroleuses, quelques décennies plus tard, brûleront symboliquement. Amusant pied-de-nez de l'Histoire.

☞ *Brassiere* se dit aussi *bra* depuis 1936.

BREDOUILLE (allemand) : *situation embarrassante, pétrin* – *Erika ist in der Bredouille* ne signifie nullement que cette jeune Allemande est rentrée « bredouille » des soldes, d'une soirée de célibataires ou d'un entretien d'embauche, ni qu'elle s'exprime de manière précipitée et peu distincte, mais simplement, et familièrement, que la pauvre est dans le pétrin. Pourquoi cela ? La faute à un jeu fort populaire en France, puis en Europe, du XVIIe au XIXe siècle : le trictrac. Celui-ci, pratiqué notamment dans les maisons closes (d'où son nom allemand *Puffspiel*, « jeu de bordel ») se jouait sur un damier avec des pions (dames) et des dés. « Avoir la bredouille », « être en bredouille » en étaient les expressions emblématiques et s'appliquaient initialement au gagnant, puis, par glissement, elles qualifièrent la situation de celui qui en était la victime : une situation défavorable, embarrassante. Disparu en français, ce sens a depuis lors fait son chemin dans la langue de Gœthe – et d'Erika.

BRISANT (allemand) : *très actuel, brûlant,* de « explosif brisant » – D'abord un point de vocabulaire : une détonation n'est pas une déflagration. La déflagration est une onde de choc se propageant moins vite que la vitesse du son. La détonation est une onde de choc supersonique aux effets bien plus destructeurs. La première résulte de cette invention chinoise, la poudre, et la seconde d'« explosifs brisants », dont les plus connus sont aujourd'hui la dynamite, la nitroglycérine ou le TNT. Le succès de la dynamite, par l'entremise de son inventeur, Alfred Nobel, a permis la création du plus prestigieux des prix littéraires. Plus modestement, le mot « brisant » a engendré dans la langue de Krupp le sens figuré de « brûlant », « très actuel ». *Das Thema ist äußerst brisant !*, dira-t-on d'un débat, d'une conversation dont le sujet est « explosif ».

BUDÍN (espagnol) : *gâteau, tourte,* de « boudin » – Les Français savent depuis Henriette Walter, et peut-être même avant, que *pudding* et « boudin » sont des parents très proches, séparés toutefois par les siècles, la Manche et surtout le goût. Aucun risque de les confondre dans l'Hexagone, ce qui n'est pas le cas en Espagne. Dans ce pays, en effet, le *budín* a le sens d'une tourte (*budín de carne, budín de pescado, budín de almendras…*), c'est-à-dire un plat salé, mais aussi celui de gâteau (*budín de naranja, budín de manzana, budín de coco…*). Comble de duplicité, il désigne même à l'occasion le *pudding* (*budín* *inglès)*. Et si tout cela ne suffisait pas, il y a plus déroutant encore. Au pays d'Evita, de Carlos et de Diego, en Argentine donc, *budín* désigne au figuré une jolie fille.

C

CAB (anglo-américain) : *taxi,* de « cabriolet » –
Le cabriolet est à l'origine une voiture légère,
rapide, munie d'une capote mobile, montée sur
deux roues le plus souvent, et tirée par un seul
cheval. Cette voiture qui semblait faire des
« cabrioles » connut un grand succès à Paris et,
sous le nom de *cab,* à Londres. À Londres, où fut
popularisé bientôt un véhicule similaire mais
réservé au public : le *hansom,* appelé aussi
hansom cab (riolet) que connaissent bien les
lecteurs de Sherlock Holmes. Survint le moteur
à essence, et cet événement eut deux conséquences lexicales. La première est que le *cabriolet,* selon une certaine logique (la capote, la
légèreté, la maniabilité...), se mit à désigner dans
de nombreux pays une automobile décapotable.
La seconde est que lorsqu'apparurent les
premiers taxis, on les appela en anglais *taxicabs;*
taxi d'après le « taximètre », appareil inventé
en France pour calculer le prix des courses, et
cab, dans la continuité du *hansom cab.* Amputé
de sa dernière syllabe, le mot « taxi » eut la
carrière qu'on sait dans le monde, mais *cab* reste
usité en anglais et surtout aux États-Unis.
☞ Le cabriolet (automobile décapotable) se dit
souvent *Cabrio* en Allemagne, tandis qu'en
Italie, un *cabriolet* ou *cabriolè* désigne familière-

59

ment un chèque sans provision, c'est-à-dire pas couvert.

CAMISOLE ou CAMI (anglais) : *caraco* – La camisole était jadis un vêtement court, à manches, porté sur la chemise. Le caraco, lui, était au XIXᵉ siècle un modeste vêtement à bretelles brodé et plissé sur le devant qui s'arrêtait à la taille. Il avait pour fonction de cacher le corset et de tenir chaud. Ce n'est qu'à la fin du XXᵉ siècle que le caraco devient un vêtement à part entière, puis un sous-vêtement. Destin parallèle pour la *camisole* anglaise qui est aujourd'hui l'équivalent du caraco ou de tout vêtement de buste sans manches ni col, très échancré, et se portant à même la peau (débardeur, nuisette...). Entre-temps, la camisole, comme vêtement, a disparu en France. L'effet repoussoir, sans doute, de la camisole de force.

CANARD (anglais) : *fausse nouvelle ; type d'avion,* **d'« avion canard »** – « Lancer un canard », aujourd'hui, c'est créer un journal. Il y a quelques décennies encore, c'était diffuser une fausse nouvelle par voie de presse. Le canard, à côté du couac ou du sucre trempé dans une liqueur, eut longtemps cette signification dans notre langue. C'est d'ailleurs par extension qu'il en vint à qualifier un journal de peu de valeur, puis un journal tout court. Mais au fait, d'où vient ce rapprochement entre canard et bobard ? D'une vieille expression française, semble-t-il :

SENS DESSUS DESSOUS

L'Anglaise Bridget, la Mexicaine Carlotta, la Hollandaise Katrin et la Japonaise Yoko se sont connues à Paris dans un cours de français. Accompagnées de leur nouvelle amie, Géraldine, elles font du lèche-vitrines dans les rues de la capitale.

Géraldine : *Vous ne voulez rien acheter, les filles ?*

Carlotta : *Oui ! Je me veux acheter une **brassiere**[1].*

Bridget : *Me too ! Je voudrais jolie **brassiere**[1] !*

Géraldine : *Des brassières ! Vous en portez encore à votre âge ?*

Carlotta : *Mais bien sûr… Pourquoi, toi non ?*

Géraldine : *Bien sûr que non… Et sinon, vous avez besoin de sous-vêtements ? Moi, j'aimerais m'acheter un slip ou deux.*

Bridget : *Un **slip**[2] ! Hi hi hi ! À 17 ans, tu portes un **slip**[2] ?*

Géraldine : *Évidemment je porte un slip. Qu'est-ce qu'il y a d'extraordinaire ? Tu n'en portes pas, toi ?*

Bridget : *Mais non. Ma mère en porte quelquefois, mais moi pas. C'est pas pour les jeunes !*

Géraldine : *Tu ne portes pas de culotte !*

Bridget : *Une **culotte**[3] ! Oh ! mais non. J'ai essayé une **culotte**[3] de ma mère un jour, mais je n'aime pas. C'est plus à la mode…*

Géraldine : *Plus à la mode, la culotte !*
Enfin… Et toi Katrin, tu n'as besoin de rien ?

Katrin : *Si, je veux un* **maillot** [4].

Géraldine : *Pour aller à la piscine ?*

Katrin : *À la piscine ? Ah ah ah ! Mais pas du
tout. En Hollande, personne nage avec* **maillot** [4] *!*

Géraldine : *Et vous ne portez pas de slip non
plus, j'imagine ! Décidément… Qu'est-ce que tu
dis, Yoko ?*

Yoko : *Je… Je voudrais… acheter un* **zubon** [5]…

Géraldine : *Un jupon ?*

Yoko : *Oui, oui, un jupon !… C'est mieux
pratique pour faire vélo dans Paris.*

Géraldine : *Du vélo en jupon ! Mais enfin,
vous êtes toutes folles ! C'est une camisole qu'il
vous faut !*

Bridget : Oh oui ! J'ai besoin aussi une
camisole [6]…

Géraldine : *C'est bien ce que je dis.*

---

1. « *brassiere* » désigne en anglais et en espagnol du Mexique un soutien-gorge.
2. « *slip* » désigne en anglais une combinaison, un jupon.
3. « *culotte* » désigne en anglais une jupe-culotte.
4. « *maillot* » désigne en néerlandais un collant.
5. « *zubon* » (de « jupon ») désigne en japonais un pantalon.
6. « *camisole* » (de « camisole ») désigne en anglais un caraco.

« vendre un canard à moitié », c'est-à-dire tromper, duper. Bien plus vivant sous ce sens dans la
langue de Picsou que dans celle de Gédéon,
« *canard* » désigne aussi chez les Anglo-Saxons (et
les Allemands, les Italiens…) un certain type

d'avion appelé en France « avion canard » ; un avion dont les gouvernes de profondeur se trouvent à l'avant de l'appareil et les ailes à l'arrière. Le prototype en fut le 14-bis de Santos-Dumont, dont le vol, en 1908, rappelait celui du palmipède, et l'un de ses derniers représentants est le Rafale.

CANCAN (italien) : *chahut, boucan, foin,* de « cancan » – Le mot « cancan » revêt en français deux significations distinctes répondant à des origines bien différentes. La première est celle de commérage, potin, acquise au début du XIXe siècle à partir du latin *quanquam* (« quoique », « bien que »). La seconde, bien plus récente, a pour origine le diminutif donné par les enfants au canard. C'est celle-là même qui, attribuée à la fameuse danse, symbolisa Montmartre au tournant du XXe siècle. Le *cancan* italien relève à l'évidence de la première catégorie, avec un sens que le mot eut longtemps dans notre langue : celui de « grand bruit autour d'une chose qui n'en vaut pas la peine ». Mais l'imagination populaire le relie à la seconde. Le spectacle de femmes se trémoussant quasi nues sur scène (rien à voir avec les actuels shows aseptisés) causa un tel scandale en effet, un tel « bruit », que la rumeur se propagea jusqu'à Milan. De là sans doute qu'une phrase comme *Quando lo saprà, farà un gran cancan !* ait encore cours aujourd'hui. Signalons également qu'à la fin de la Première Guerre mondiale, le mot *cancan* désigna les souterrains entourant le château des Sforza à

Milan. Des comploteurs nationalistes s'y réunissaient qui menaçaient de faire « grand bruit ».

CAPOT ; CHAMBRE ; BONJOURKA (roumain ; portugais ; polonais) : *robe de chambre, de « capote »* ; de « robe de chambre » ; de « bonjour » – Le mot latin *caput* a engendré de nombreux substantifs dans le lexique occidental (voir encadré suivant). La *capot* roumaine est l'un de ceux-là, qui signifie robe de chambre et provient, en droite ligne, de la capote française au sens initial de toile de protection. Cette robe de chambre, les Portugais, avares de leurs mots, l'appellent simplement *chambre* ; Plus imaginatifs, les Polonais ont baptisé ce vêtement du matin du mot qui vient (en général) à la bouche au réveil : « bonjour ».

☞ *Bonjour* désignait il y a peu une redingote en Suède. Un ancien vêtement français a-t-il inspiré le roumain et le suédois ? On ne peut le certifier.

CAPOT-KAPUTT

Signe du peu d'affection de nos compatriotes envers l'Allemagne, les germanismes sont très rares en français et souvent connotés (blitzkrieg, blockhaus, ersatz, putsch...). L'un d'entre eux est connu dans le monde entier au sens de « cassé », « fichu », « éreinté » : c'est

---

kaputt. Mais ce vocable si typique est-il vraiment allemand ?

Au commencement, il y a le mot latin *caput*, le « chef », dans le sens de tête (comme dans « couvre-chef »). Sa progéniture est très nombreuse. En français, elle va du « capitaine » au « chapeau », de la « chapelle » au « capital », du « chapitre » au « capot » de voiture... Mais pour l'instant, rien qui évoque la destruction ou la fatigue. D'où vient ce sens alors ? De « capot » qui mène à « capoter », un terme de marine. « Capoter » pour un navire, c'était faire naufrage, sombrer, échouer, et littéralement, se retourner cul par-dessus tête. Première piste, mais il y en a une autre, à l'origine française plus avérée encore. « Faire capot » et surtout « être capot » est une expression venue du piquet, un jeu de cartes très populaire au XVIIe siècle. « Être capot » voulait dire qu'on n'avait pas fait un pli (autre expression idiomatique), qu'on était battu, ruiné.

Et comme, au temps des mercenaires, une journée de combat se terminait souvent par une partie de jeux de cartes, les fantassins allemands, au contact des Français, eurent tôt fait de traduire « faire capot » en *kaputt machen*. L'expression s'étendit ensuite à tous les aspects de leur profession: voler, piller, incendier, trucider... jusqu'à l'usage actuel, plus banal heureusement, du mot *kaputt*.

CARAMAÑOLA (espagnol d'Argentine) : *bidon du soldat,* de « Carmagnole » – Ça a été d'abord une petite ville du Piémont. Ce fut ensuite une veste étroite à revers très courts garnie de plusieurs rangées de boutons. Ce sera bientôt, pour la postérité, une danse puis une chanson emblématique de la Révolution française – « Dansons la Carmagnole, vive le son, vive le son ! Dansons la Carmagnole, vive le son du canon ! » C'est aujourd'hui, dans le parler populaire argentin, le bidon en fer blanc du soldat.

☞ La gamelle du soldat se dit en polonais *menajka* (« ménage »).

CARAVANETTE (anglais britann.) : *camping-car* – Situation absurde, et inédite dans ce livre : un objet identique des deux côtés de la Manche, et qu'on définit ordinairement comme un véhicule automobile aménagé pour le camping, est désigné en Grande-Bretagne par un pseudo-gallicisme, et en France par un pseudo-anglicisme. A *sow wouldn't recognize its little ones* (« une truie n'y retrouverait pas ses petits ») écrirait un mauvais traducteur.

☞ Un voyage en *karawan* ne peut être en Pologne que le dernier puisque ce véhicule est un corbillard.

CASSEROLE (anglais) : *ragoût en cocotte* – La *casserole* anglaise, c'est le ragoût (voir ce mot) français. On y met un tas de choses et on laisse mijoter. Le résultat, plus ou moins « ragoûtant », répondra à un nombre de dénominations quasi infini : *Crab casserole, Chicken enchiladas, Hamburger pie, Tomato casserole, Macaroni and cheese bake, Ranch beef casserole*… Et comme on a l'esprit pratique chez les Anglo-Saxons, le récipient qui sert à la cuisson (une cocotte en fer ou en verre) sera parfois aussi nommé *casserole*.

☞ La *rondel* polonaise est une casserole et la *Terrine* allemande une soupière.

CAUSE CÉLÈBRE (anglais) : *question, événement suscitant une controverse médiatique* – La formule, bien plus fréquente en anglais que dans la langue de Molière, tire sa source des *Nouvelles Causes Célèbres*, un ensemble de 37 volumes publié en 1763, réunissant les affaires judiciaires les plus fameuses des XVIIe et XVIIIe siècles. Mais ce n'est qu'en 1894 qu'elle entra dans le langage courant, à la faveur d'un procès traumatisant pour la France et au retentissement universel : celui du capitaine Dreyfus. Depuis lors, l'expression *cause célèbre* s'applique à toute affaire ou événement, de nature souvent politico-judiciaire, qui suscite une controverse et un grand intérêt du public. « *The O.J. Simpson case immediately became a cause célèbre* », a-t-on pu lire par exemple au sujet, non d'un innocent condamné, comme dans l'affaire Dreyfus, mais d'un coupable laissé libre… Par extension, on parlera aussi de *cause célèbre* pour qualifier une personne ayant acquis sa notoriété de manière « scandaleuse » : *Chanteuse, cabaret star, and cause* *célèbre, Joséphine Baker was born in St. Louis and made famous in Paris.*

CHAISELONGUE (allemand) : *divan, sofa* – À l'Europe entière qui pensait depuis des lustres qu'une chaise n'était faite que pour s'asseoir, le génie mobilier français répondit au XIXᵉ siècle par un concept audacieux : la chaise longue. Cette invention, tenant du lit et de la chaise proprement dite, permettait de converser agréablement avec ses visiteurs, de paresser et, le cas échéant, de s'abandonner à certains élans. Le charme de son ambassadrice, Julie Bernard (1777-1849), mieux connue sous le nom de Madame Récamier (voir ce mot) et immortalisée *in situ* par le portrait du peintre David, fit beaucoup pour le succès de ce meuble hors de nos frontières. Pour illustrer l'un des attraits de la chaise longue, notons l'expression plaisante, même si désuette, *Chaislong-Akrobatin*, qui se passe de commentaires et même de traduction. Une autre locution utilisée dans la Saxe est également réjouissante : *laufen wie ein Chaisenträger* (« courir avec aisance, avec talent », littéralement « comme un porteur de chaise »). Elle rappelle que, pour ne pas bousculer ou renverser l'occupant d'une chaise à porteurs (*Chaise* en allemand), les valets devaient poser le pied à tour de rôle de manière coordonnée ; et surtout ne jamais marcher au pas, ce qui pour un Allemand n'alla pas toujours de soi.

☞ Le *sommier* est pour les Italiens une ottomane, c'est-à-dire un canapé arrondi en corbeille.

CHAMPIGNON ; CHAMPIÑON ; CHAMPINION ; CHAMPINJON (allemand, anglais, danois, néerlandais ; espagnol ; russe, roumain ; suédois...) : *champignon de couche, de Paris,* de « champignon de Paris » – Le *champignon* étranger ne saurait être vénéneux. Cela est-il de nature, dans les pays concernés, à réduire le nombre d'empoisonnements ? On n'en jurerait pas. Toujours est-il que le mot s'est imposé dans le monde à une quasi-unanimité, et pour des raisons on ne peut plus légitimes. C'est en France, en effet, que l'on a « apprivoisé » le rosé des prés, ancêtre du champignon de Paris ; grâce d'abord à Jean de La Quintinie (1626-1688), jardinier et agronome au service du Roi-Soleil à Versailles. Mais la culture pratiquée par celui-ci, en meule et en plein air, ne pouvait s'effectuer qu'au printemps et les récoltes étaient maigres. Un siècle passe et le hasard, comme il arrive parfois, vient au secours de l'intelligence. Nous sommes à l'automne 1811 et un horticulteur de Passy, Chambry, échouant à obtenir des champignons sur son terrain, jette son fumier de cheval dans une carrière abandonnée. Et ô miracle ! quelques mois plus tard, il retrouve son fumier couvert d'un épais tapis blanc... Une température et une humidité constantes, ajoutées à une bonne ventilation, ont créé les conditions optimales pour le cultiver toute l'année. Le champignon de Passy est né, bientôt rebaptisé champignon de Paris et son succès sera phénoménal.

CHANGEMAN ; SASMAN ; FITAICE (turc ; grec ; arabe d'Égypte) : *boîte de vitesses,* de « changement » ou de « vitesse » – Avant de pactiser avec l'ennemi allemand, ce qui devait conduire son entreprise à la nationalisation, Louis Renault (1877-1944) fut un grand inventeur. Il déposa notamment le brevet de la boîte de vitesses en 1898, signant le point de départ d'une fantastique épopée industrielle. Depuis cette époque de pionniers, la « bagnole » est devenue pour l'homme (avec un tout petit h) une source inépuisable de métaphores sexuelles. C'est vrai partout, et pas moins sans doute sur les rives du Bosphore. Ainsi *changeman* désigne-t-il en argot turc, et pour des raisons assez mystérieuses, la poitrine d'une femme, tandis que *vitesse* a le sens de pénis.

CHANTRAPA (russe) : *bon à rien, raté, incapable,* de « chantera pas » – À la fin du XVIIIe siècle et durant la première moitié du XIXe siècle, nombreux furent les Français qui prirent la route de Moscou ou de Saint-Pétersbourg. Souvent des aventuriers qu'attirait la promesse d'un gain rapide, et qui furent reçus à bras ouverts dans les salons bourgeois et aristocratiques. « Qu'il arrive un Français échappé de la potence, aussitôt on se l'arrache et lui, il fait des façons, se dit prince ou gentilhomme et il n'est en réalité qu'un laquais ou un boutiquier ou un commis de la gabelle ou un prêtre interdit qui s'est sauvé de sa patrie. Il fait le dédaigneux pendant deux semaines puis se fait précepteur, quoiqu'il sache à peine lire », enrage le comte Rostopchine, futur gouverneur de Moscou et père de la comtesse de Ségur. Ces représentants d'une culture et d'une langue tellement admirées en Russie se firent aussi maîtres de danse ou maîtres de musique ; d'où le mot *chantrapa* qui tire son origine de l'anecdote suivante : le tsar avait demandé un jour à son maître de chant, un ténor français, de lui constituer un chœur. Celui-ci auditionna les candidats et selon qu'ils faisaient l'affaire ou non, leur annonçait « Toi ! Tu chanteras ! » ou bien « Toi ! Tu ne chanteras pas ! ». Les mauvaises nouvelles marquant plus les esprits que les bonnes, dit-on, c'est la seconde formule qui passa à la postérité.

CHARLIÈRE (allemand, suédois) : *ballon au gaz, de « J.-A. Charles »* – Dans les années précédant la Révolution, la conquête balbutiante du ciel fit l'objet d'une âpre compétition, une compétition franco-française : d'un côté, les frères Montgolfier et leur ballon à air chaud, de l'autre, Jacques-Alexandre Charles (1746-1823) et son ballon à hydrogène. On le sait, la montgolfière emportera la mise en réalisant le

21 novembre 1783 le premier vol habité de l'histoire. Les Allemands se souviendront surtout de l'invention de Charles, plus prometteuse scientifiquement. La « Charlière », éclipsée en France, deviendra ainsi le modèle des dirigeables qui survoleront le monde jusqu'à l'incendie du zeppelin *Hindenburg* le 6 mai 1937.

☞ Le *Ballon* est en allemand un aérostat, un corps rempli d'air. Depuis la Première Guerre mondiale, il désigne argotiquement la tête, dans notamment l'expression *einen roten Ballon kriegen* : piquer un fard terrible (littéralement, « attraper une tête rouge »).

OMNÈS OMNIBUS

Pascal en a rêvé, Stanislas Baudry l'a fait. Quoi donc ? Le bus. Cette idée d'un moyen de transport collectif à trajet et horaire fixe fut en effet lancée dès le XVIIᵉ siècle par le grand philosophe et mathématicien français. Réalisée partiellement (les « carrosses à cinq sols ») et de manière éphémère, elle fut reprise un siècle et demi plus tard par un colonel en demi-solde de l'armée de Napoléon : Stanislas Baudry. Celui-ci possède alors une minoterie à Nantes, dans le quartier de Richebourg. Pour utiliser au mieux la vapeur de son usine, il crée un établissement de bains et a l'idée d'ouvrir une ligne régulière de transports pour faire venir les habitants du centre dans son établissement. Mais très vite, l'homme se rend compte que les Nantais utilisent ce service pour leurs propres besoins, et il change ses plans. Ayant abandonné la minoterie, il crée une compagnie d'omnibus ; et c'est le grand jour : le 10 août 1826, Stanislas Baudry ouvre la première ligne de transports en commun du monde. Elle relie les quartiers de Richebourg et Salorges avec deux voitures à chevaux d'une capacité chacune de seize personnes. Devant le succès, Baudry s'agrandit, étend son activité à Paris, et son invention fera bientôt le tour du monde.

Mais au fait, pourquoi « omnibus » ? En face d'une des stations se trouvait la boutique d'un dénommé Omnès dont l'enseigne annonçait *Omnès Omnibus*, c'est-à-dire « Omnès pour tous » en latin de cuisine. Les clients de la compagnie prirent bientôt l'habitude de dire « je vais à l'omnibus », ou « je prends l'omnibus »... Et à la fin du XIXe siècle, quand ce dernier sera devenu automobile, ils ne parleront plus que d'« autobus », ou simplement de « bus ».

CHARMANKA ; KATERINKA (russe ; polonais) : *orgue de barbarie,* de « Charmante Catherine » – À l'origine de ce mot, se trouvent les *Bänkelsänger* (littéralement « chanteurs au petit banc »), ces musiciens ambulants qui, du XVIIe au XIXe siècle, parcoururent l'Europe orientale en tous sens et qui ont profondément influencé la culture populaire allemande et surtout berlinoise jusqu'au XXᵉ siècle (citons simplement l'*Opéra de quat'sous* de Bertolt Brecht et Kurt Weil). Debout sur leur petit banc comme sur un podium et s'accompagnant d'un luth, d'un violon ou d'un orgue de Barbarie, ces marchands de bonheur s'attiraient les faveurs du public en interprétant des chansons parodiques ou sentimentales. Dans cette dernière catégorie, le français, langue de l'amour, trouvait souvent sa place sous la forme d'un prénom féminin ou d'une épithète de circonstance (jolie, gracieuse, charmante...). C'est ainsi qu'une certaine année, probablement au début du XVIIIᵉ siècle, la chanson « Charmante Catherine » fit un tel tabac que les Russes et les Polonais s'en emparèrent aussitôt pour baptiser cet instrument, l'orgue de barbarie, qu'ils découvraient alors. Mais quand les Russes empruntèrent la première partie du titre : *Charmanka*, les Polonais, eux, ainsi que les Ukrainiens (l'Ukraine appartenait alors à la Pologne) optèrent pour la seconde : *Katerinka*. Quant aux locuteurs de yiddish, soumis aux deux influences, ils admirent l'un et l'autre : *sharmanke* et *katarinke*.

Voici l'une des strophes de « Charmante Catherine » :

Charmante Catherine, du reizendes Kind
Dein zärtlich's Herzchen hat mir mein Herz entzündt
Du redelt, du lachelt, du tanzelt ja so schön
Charmante Blondine, laß mir dein Herze sehen !
Ja, ja.

Charmante Catherine, gamine pleine d'attraits
Ton petit cœur tendre a enflammé le mien
Tu parles, tu ris, tu danses si joliment
Charmante blondinette, laisse-moi voir ton cœur !
Oui, oui.

CHARRETTE (anglais, allemand) : *effort intense pour achever un travail ; rencontre pluridisciplinaire entre acteurs d'un projet d'urbanisme et administrés* – Les charrettes dont on parle le plus en France sont les charrettes de licenciement. Elles font référence, bien sûr, aux charrettes des condamnés à mort pendant la Terreur. Mais ce vieux mot gaulois a une autre acception dont Rabelais, en son temps, se fit déjà l'écho (« mettre la charrette avant les bœufs ») : c'est le travail, le labeur. Les étudiants en architecture de l'école des Beaux-Arts, il y a plus d'un siècle, l'illustrèrent à leur façon. « Oh ! Ces interminables nuits de charrette, ces nuits où l'atelier tout entier entonnait des chants plus grivois les uns que les autres pour nous empêcher de succomber à la fatigue ! », se souvient l'un d'eux. Pourquoi « charrette » ? Parce que les étudiants louaient des voitures à bras pour transporter les projets jusqu'à la salle d'exposition. Les retardataires y montaient et, durant le trajet, mettaient la dernière main à leur travail. Une expression y a vu le jour, commune aux designers, architectes ou graphistes, c'est « être (en) charrette », au sens d'être dans l'urgence, avoir beaucoup de travail. Les anglophones la connaissent aussi *(to be en charrette)* mais ce moyen de transport rudimentaire a par ailleurs fait bien du chemin. Aux États-Unis comme, depuis sa reconstruction, en Allemagne, *Charrette* est en effet le nom donné à un bel exercice de démocratie participative. Le principe en est de rassembler, à un échelon local, élus, urbanistes, architectes, sociétés prestataires, et bien sûr citoyens, autour d'un projet d'envergure engageant la collectivité. Au cours d'un marathon de quelques jours voire de plusieurs semaines, chacun donne son avis, émet des propositions, sollicite des explications, s'assure aussi de la bonne utilisation des fonds publics, de telle sorte que les choix finalement faits rencontrent une large approbation. On l'aura remarqué, rien de tel en France où les décisions de ce type sont le fruit, en général, de tractations opaques, quand elles ne sont pas le fait du prince.

CHAUVINISM, CHAUVINISMUS (anglais, allemand) : *nationalisme fanatique, sexisme antifemmes, phallocratie, machisme,* de « Nicolas Chauvin » – Nicolas Chauvin a-t-il jamais existé ? Si oui, c'était un soldat de la Grande Armée, un brave parmi les braves qui aimait son pays au-delà du raisonnable. Si non, c'est une figure de légende, une tradition narrative qui trouva son illustration la plus fameuse dans *La Cocarde tricolore*, un vaudeville à succès de 1831 écrit par Cogniard. Chauvin y est un patriote naïf et exalté qui proclame à-tout-va : « Je suis Français ! Je suis Chauvin ! ». Le mot, comme le personnage, prête à sourire d'abord, puis acquiert au fil des années la signification qu'on lui connaît. À l'étranger, il prend un sens plus radical encore, celui de fanatisme, de racisme même. Il ne renvoie plus à la seule expression nationaliste, mais à celle de tout groupe humain convaincu de sa supériorité. C'est dans ce champ sémantique qu'au cours des années 1970 émerge aux États-Unis la notion de *male chauvinism*, comme synonyme de machisme et de phallocratie.

☞ En Allemagne, un *Chauvi* est un phallocrate, mais à Vienne, c'est en plus un xénophobe qui n'aime que les Autrichiennes de souche.

CHERAMIZ AVAT ; CHER AMI (russe ; anglo-améric.) : *mendier ; célèbre pigeon,* de « cher ami » – Les mots *cheramiz avat* nous renvoient à l'un des moments les plus douloureux de notre histoire nationale : la retraite de Russie. Au cours de ce tragique épisode de l'épopée napoléonienne qui vit périr plus de 300 000 hommes, il arriva souvent que des soldats affamés et frigorifiés cherchèrent de l'aide dans les hameaux alentour. Quand les portes, par bonheur, consentaient à s'ouvrir, les grognards suppliaient les paysans en les couvrant de « cher ami ! cher ami ! ».

Autre guerre, autre sens : *Cher ami,* pour les Américains, évoque plutôt un agent de transmission ; et pas n'importe lequel. Nous sommes alors le 4 octobre 1918 sur le front français, et le major Whittlesey, victime d'un malentendu, essuie les tirs de ses compatriotes, des « tirs amis », dirait-on aujourd'hui. En bien mauvaise posture, il envoie son dernier pigeon, *Cher ami*, avec à la patte un message de détresse. L'intrépide volatile parcourt alors 30 km sous la mitraille et grâce à lui, les tirs s'interrompent, sauvant 200 soldats d'une mort certaine. Décoré de la croix de guerre par la France, *Cher ami* est fêté comme un héros à son retour en Amérique. Une chanson lui est même dédiée dont voici un couplet :

> *Cher Ami, how do you do ?*
> *Listen, let me talk with you ;*
> *I'll not hurt you, don't you see ?*
> *Come a little close to me.*

Cher ami rendit l'âme en 1919, mais sa dépouille embaumée est conservée depuis lors dans le prestigieux National Museum of American History.

CHICOREE (allemand) : *endive* – Qui, de la France ou de l'Allemagne, détient la vérité dans cette affaire ? Cette plante à feuilles pâles et croquantes, si familière de nos tables hexagonales, doit-elle être appelée endive ou bien *Chicorée* ? Un examen historique s'impose. À l'origine, il y a la chicorée, une herbacée qu'on mange en salade et dont les racines torréfiées fournissent de nos jours le fameux substitut au café, *Zichorienkaffee*, en allemand. Puis apparaît une espèce cultivée de chicorée, la chicorée endive, ou simplement endive. Ses deux variétés se nomment la frisée et la scarole. C'est alors qu'intervient M. Bréziers, jardinier-chef de la Société d'horticulture belge. Nous sommes vers 1850 et cet homme ingénieux, ayant gardé en cave durant l'hiver quelques pieds de chicorée sauvage, obtient une plante en forme de fuseau qu'il baptise derechef *witloof* (« feuille blanche » en flamand) ou *chicorée de Bruxelles*. Cette nouvelle spécialité culinaire, les Français l'appelleront « endive », les Allemands, qui risquent moins la confusion, « *Chicoree* ». Et les deux auront sans doute raison.

CHOUX, ECLER, BIGNÈ, PETIT CHOU, PETISU, CHOIX À LA CRÈME (**espagnol du Mexique, bulgare, italien, suédois, espagnol, roumain**) : *chou à la crème* – Si un chou est un chou, c'est-à-dire cette petite merveille de pâtisserie légère et soufflée fourrée à la crème, il ne porte pas toujours le même nom selon l'endroit où on le savoure. Au Mexique, c'est par amputation le *choux* ; en Bulgarie, par une confusion vénielle l'*ecler* ; en Italie, par une faute moins pardonnable le *bignè* (mais le même, en modèle réduit, se nomme *chou*). Puis viennent la Suède et l'Espagne, pays où notre chou à la crème est appelé respectivement *petit chou* et *petisú* ; habile manière sans doute de minimiser le péché de gourmandise. Concluons avec la Roumanie où, dans tant de pâtisseries prestigieuses, figure le curieux *choix à la crème*. S'y loge peut-être l'idée qu'entre les éclairs, les choux à la crème, les religieuses, les Paris-Brest, les profiteroles et autres dérivés de la pâte à choux, le choix pour les gourmand(es) n'est jamais simple.

☞ Les *palitos de la reine* sont en portugais les biscuits à la cuiller.

CHVAL (russe, vulg.) : *personne malhonnête, « pourriture », de « cheval »* – Il y a quelques années, des restes de la Grande Armée ont été retrouvés dans la région de Vilnius ; les corps de milliers de soldats, des jeunes pour la plupart, morts de froid et d'épuisement pendant la retraite de Russie. À deux siècles de distance, ces cadavres nous rappelaient avec force que l'Empire, avant d'être une épopée légendaire, fut d'abord une atroce boucherie. Le mot *chval* aussi a valeur de témoignage. Son origine remonte justement à la débâcle (dans les deux sens du terme) de 1813. Grognards et cavaliers étaient aux prises alors avec la boue que provoquait le dégel. Les Cosaques, qui leur tendaient des embuscades, les entendaient hurler des ordres à leur monture et ils identifièrent ce mot à un juron. Une autre hypothèse voudrait que *chval* soit inspiré plutôt du spectacle lamentable de milliers d'équidés « pourrissant » sur les routes après la Bérézina.

☞ Le *pur sang* n'est pas un cheval de race aux Pays-Bas mais un pur, un vrai, en parlant d'une personne. *Een pur sang romanticus* : « C'est un romantique dans l'âme. »

SUL Y NEI

Les Espagnols n'ont jamais digéré l'invasion française de 1808. Depuis ce jour de mars où Murat fit son entrée dans Madrid, provoquant le soulèvement de la population et sa répression féroce, un sentiment francophobe est né dans ce pays qui ne s'est jamais éteint. Les Espagnols n'aiment pas les *Gabachos* (de Rio Gabas, terme datant de la conquête napoléonienne) et seuls les naïfs ont pu croire, lors de la récente candidature aux J.O. 2012, que les voix espagnoles allaient se porter sur la France.

Pour illustrer cette inimitié, on pourrait évoquer la politique linguistique de nos voisins : une politique de purification où les emprunts français ont été hispanisés, quand ce n'est pas rayés et remplacés (une variante de « la croix ou le bûcher »...). Mais une manière plus cocasse de le faire sera de signaler un petit fait : aujourd'hui encore, deux siècles après la *francesada* (la guerre contre les Français) des milliers de chiens en Espagne sont appelés *Sul* et *Nei*. Pourquoi ces noms ? Ils sont courts, donc pratiques pour donner des ordres, et surtout ce sont ceux des deux « bourreaux » de l'Espagne : les maréchaux Soult et Ney.

CINEASTE (anglo-américain) : *cinéphile* – Le *cineaste* américain peut être metteur en scène ou producteur, mais il est le plus souvent un cinéphile. Il faut voir là l'influence de ces théoriciens et historiens français que furent André Bazin, Jean Doniol-Valcroze ou Jean Douchet lesquels, les premiers, considérèrent le cinéma non plus seulement comme un divertissement de masse mais comme un art à part entière. D'autres notions françaises ont enrichi le lexique international du 7e art, comme le *cinéma vérité*, le *film d'essai* (voir ce mot), le *film dossier* (film enquête), ou le *film noir*, expression proposée par le critique Nino Frank en 1946, et qui s'est imposée ensuite avec d'autant plus de mérite que ce genre cinématographique est avant tout hollywoodien.

☞ *Cineaste* se dit parfois aussi d'un magazine de cinéma qui fait autorité.

CINÉMATHÈQUE (anglo-américain) : *salle d'art et essai* – On peine à l'imaginer aujourd'hui, mais jusqu'aux années 1930, les négatifs des films étaient rarement conservés. N'ayant d'autre valeur que commerciale ou technique, ils étaient jetés aussitôt exploités. Un homme seul, dans ces années-là, comprit l'importance de ce patrimoine et la nécessité de le préserver : Henri Langlois. La Cinémathèque, sa création, devenue temple de la cinéphilie pour des générations d'adeptes, est aujourd'hui le nom commun, outre-Atlantique, de ces salles affichant des ambitions non uniquement commerciales (film expérimental, filmographies étrangères, répertoire classique...).

CLAIRVOYANCE ; CLAIRVOYANT (anglais) : *voyance, extralucidité ; voyant, extralucide* – La *clairvoyance* n'est pas chez les Anglo-Saxons une simple vue exacte, claire et lucide des choses, ce qui ne serait déjà pas si mal. C'est la perception extrasensorielle produisant les phénomènes bien connus, même si mal compris, que sont la télépathie, la prémonition, la communication avec les esprits... Lorsque ces perceptions sont auditives, on parle parfois de *clairaudience*.

CLARET (anglais) : *vin rouge de Bordeaux* – Les vins de Bordeaux doivent beaucoup à l'Angleterre. Un bref survol historique le montrera aisément. Tout commence au début du second millénaire. L'Aquitaine, alors, est sous domination anglaise et chaque année, des centaines de bateaux traversent la Manche chargés de tonneaux de « Claret ». Ce vin clair et léger, que connaissaient déjà les Romains, semble apprécié de nos voisins. « Quant je boy du vin claret tout tourne, Et quand je n'en boy point tout ne tourne point », chante Guillaume Le Heurteur au XVIe siècle. Pourtant ce n'est qu'un vin ordinaire, de cuvaison courte, et qui surtout ne se conserve pas. Tout change vers 1630 grâce à Arnaud de Pontac, propriétaire de chai dans le Haut-Brion. Celui-ci, instruit par des maîtres hollandais, imagine un vin nouveau, issu de la cuvaison longue de cépages uniquement rouges. À la vinification d'un vin peu coloré, peu tannique, de faible longévité, se substitue lentement la technique de macération plus longue du marc. Mais pas de production sans marché. Et ce marché, une fois encore, c'est Albion. La haute société londonienne a des goûts raffinés, et c'est elle, par son exigence, qui va inspirer les recherches et les évolutions dans le Bordelais. À la fin du XVIIᵉ siècle, c'est en Angleterre que sont réalisées les premières mises en bouteille, en Angleterre qu'on découvre le bouchon de liège et les vertus de la position couchée, en Angleterre encore qu'on se pique de conserver et de déguster les vins les plus vieux. Sous l'amicale pression de ces amateurs éclairés, la production bordelaise se perfectionne, et la cour d'Angleterre devient bientôt la plus belle des vitrines pour les Margaux, Lafite et autres Latour. Une révolution œnologique et presque culturelle s'est opérée à cette époque, mais le vin (rouge) de Bordeaux, si différent pourtant de la « piquette » de Guillaume Le Heurteur, les anglophones l'appellent encore *claret*.

☞ Pour les Chinois, *bordeaux* désigne tous les vins rouges venus de France.

COCCINELLE (hébreu) : *homme efféminé, travesti, transsexuel.* – Il y a quelques années, un transsexuel israélien remporta l'Eurovision de la chanson : Dana International. Les murs des chaumières, dans son pays natal, avaient dû vibrer alors d'innombrables « *coccinelle !* » plus ou moins bienveillants. Mais combien parmi les télespectateurs connaissaient l'origine de ce mot ? La voici : il était une fois un jeune homme qui s'appelait Jacques Dufresnoy et qui se sentait femme depuis son plus jeune âge. Devenu travesti à succès sur la scène de Madame Arthur et du Carrousel, deux cabarets parisiens, il commence un traitement aux hormones puis décide de franchir le pas. Il se fait opérer. Où donc ? À Casablanca, et de célèbre, Coccinelle (c'est son nom de scène) devient célèbrissime, le plus fameux travesti des années 1960, le premier transsexuel aussi à s'unir devant monsieur le Maire. Entre-temps, hommage suprême, « *Coccinelle* » est devenu un nom commun au Maroc, un nom que les Juifs, en partance pour la Terre Promise, emporteront dans leurs valises.

CÔFO ; COFFIN (portugais du Brésil ; anglais britann.) : *panier ; cercueil,* de « coffin » – Employé à São Luis, capitale de l'État du Maranhão au nord du Brésil, le mot *côfo* désigne les paniers faits à la main servant à conserver les céréales ou les farines. Les Français qui découvrirent la région au XVIIe siècle ne connaissaient alors le « coffin » – devenu par la suite « couffin » – que comme un petit panier d'osier haut et rond avec un couvercle et une anse. « On ne rencontrait pas grand monde. De loin en loin, un fardier, une vieille paysanne de la Ville-des-

Baux courbée sous un grand couffin d'herbes aromatiques », écrit Alphonse Daudet dans *Numa Roumestan*. Ce n'est qu'au début du XIXe siècle que naquit l'acception moderne de « couffin », au sens de corbeille à anses habillée de toile et servant de berceau. Prenant une direction toute différente, les Anglais confèrent au mot *coffin*, dès le XVIe siècle, la signification de cercueil... D'où ce mot d'argot américain, cher à Humphrey Bogart, pour désigner les cigarettes : *coffin nails* (« clous de cercueil »).

COMPERE (anglais britann.) : *présentateur d'un show, d'une cérémonie* – « And now, ladies and gentlemen !... » Ainsi s'exprime en général le *compere*, ce présentateur-animateur souriant, élégant, aimable, concis, drôle, chaleureux, dont le rôle est d'animer une soirée, un spectacle, un gala de bienfaisance ou une cérémonie de remise de trophées. Il tire son nom de l'ancien « compère de revue » encore à l'honneur, au début du XXe siècle, sous la plume d'une Colette : « Le célèbre docteur Lecouturier tient le milieu entre le bonisseur de foire et le compère de revue. » (*La Jumelle noire*). Celui-ci fut d'abord sur scène le partenaire d'un acteur, d'un clown, d'un illusionniste ou d'un bateleur. Puis, flanqué de son double féminin, la « commère », il devint un personnage central dans le déroulement d'une revue. Une expression est née d'ailleurs de ce tandem, laquelle va comme un gant à la société française : « Tout va par compère et par

commère » : tout se fait par faveur et par recom-
mandation.

☞ Le même homme est appelé *Conferencier* en
Allemagne, *konferanszer* en Pologne, *konferancier*
en Suède, *konferanszié* en Hongrie, *Konferansié*
en Russie, en Bulgarie...

COMPLET (grec) : – Cette épithète marque en grec
une nuance élogieuse. On l'évoquera pour qualifier une pièce confortable, bien équipée, ou bien
pour souligner l'état de bien-être dans lequel on
se trouve après un bon repas.

CONDUCTEUR ; CONDUCTOR ; KONDUKTÖÖRI ;
KONDUKTOR (néerlandais ; anglais ; finnois ;
russe, bulgare) : *contrôleur-receveur dans les
transports en commun,* de « conducteur de
diligence » – Le *conducteur*, en Hollande comme
dans divers pays, n'est pas celui qui conduit un
train, un bus ou un tramway. Avant de nous en
étonner, relisons ces quelques lignes extraites du
Journal de Michelet : « Dans la nouvelle voiture,
on fume. Les cochers et conducteurs laissent
pendre leurs pieds et envoient leur poussière aux
voyageurs. » Ce conducteur, au milieu du
XIXe siècle, est le « conducteur de diligence », un
employé chargé des rapports avec les voyageurs
dans une voiture publique. Il vend les titres de
transport, en contrôle la validité, et aide à porter
les bagages. Mis à part ce dernier service, c'est
peu ou prou ce qu'il fait encore dans plusieurs
langues.

☞ La *chauffeuse*, féminin de *chauffeur*, est aux États-Unis la conductrice rémunérée d'une voiture de maître ou de location, et aux Pays-Bas, la conductrice d'un train ou d'un autobus.

CORDUROY ; KORD (anglais, norvégien ; allemand) : *velours côtelé, pantalon de velours,* de « corde du roi » – Si « corde du roi » est bien d'origine française, l'expression dans notre langue ne possède aucun sens, c'est tout le problème ; nulle trace dans les archives susceptibles de nous éclairer. On signalera donc simplement qu'un pantalon de velours côtelé se dit en anglais *corduroys pantalon*, ou plus simplement *corduroy* et dans un langage plus familier *cords*, et que *corduroy road*, à l'image du tissu, désigne une route formée de rondins dans les régions pluvieuses.
Dans le même ordre d'idées, signalons l'expression espagnole *a la virulé*, au sens d'amoché, de travers, dans notamment *un ojo a la virulé* (un œil au beurre noir). L'origine en serait le français « bas roulé », absent, hélas, de nos dictionnaires…
☞ Le velours côtelé se dit en italien *côtelé*.

CORRIGER LA FORTUNE (allemand) : *aider la chance par des moyens illicites, par des tromperies* – Lessing (1729-1781) est historiquement le premier dramaturge allemand. Plus proche de Shakespeare que de Racine, Corneille ou Voltaire, auxquels il reproche leur classicisme, il prône, dans l'esprit de Diderot, un théâtre bourgeois et contemporain. Et dans un pays qui n'existe pas encore, où la langue même n'a pas d'expression officielle, il fustige la gallomanie ambiante et revendique un art authentiquement allemand. C'est dans son œuvre majeure, *Minna von Barnhelm*, qu'apparaît notre expression, une expression courante dans la France du XVIIIᵉ siècle et aujourd'hui disparue : « *Je suis des bons, Mademoiselle. Savez-vous ce que cela veut dire ? [...]* » déclare Riccaut de la Marlinière, un officier français peu scrupuleux à son interlocutrice. « *Je sais monter un coup !* » « *Je fais sauter la coupe avec une dextérité !* » ne cesse-t-il de s'enorgueillir. Puis comme la jeune femme lui fait remarquer que tous ses agissements ont pour but la tromperie, il s'insurge : « *Comment, Mademoiselle, vous appelez cela betrügen* [tromper] ? *Corriger la fortune* [...] *das nennt die Deutsch betrügen !* (les Allemands appellent ça tromper !) »

☞ *Tur*, de « tour », est la chance en suédois. *Vilken tur !* : « Quelle chance ! »

CORSELETTE (anglais) : *gaine-combinaison*, de « corset » – On notera que le mot est plus joli en anglais. On remarquera aussi qu'à l'étranger, les dessous féminins empruntent beaucoup au lexique français (*lingerie, Corsage, camisole, Bustier, culotte, balconnet…*). Est-ce seulement pour y puiser du rêve et de l'exotisme, ou bien aussi pour atténuer une culpabilité toujours attachée à ce type d'articles ?... Existaient autrefois les notions d'honneur familial ou national. Une survivance en est peut-être l'honneur lexical,

avec cet impératif : « Tu ne souilleras pas ta langue en nommant des choses impures ! »

☞ Le mot *ineksprymable*, venu de l'Angleterre victorienne et pudibonde, désigne ironiquement en polonais les sous-vêtements.

COUPÉ ; CUPÉ ; KUPÉ (allemand, anglais ; danois ; russe, bulgare...) : *compartiment de train* – Le coupé était autrefois une luxueuse voiture de maître. Montée sur quatre roues, attelée à un ou deux chevaux, elle comportait deux places dans un espace fermé. Puis à l'âge automobile, en France comme dans de nombreux pays, ce « coupé » devint le type de véhicule qu'on sait. Dans l'ancien temps, cependant, ce mot désignait aussi le compartiment d'une diligence, un moyen de transport public. C'est de ce sens, plus directement, que sont nés les ferroviaires *Coupé*, *cupé* et *kupé*.

COUVERT (portugais du Brésil) : *amuse-gueule*, de « couvert » – En France, pays de haute tradition culinaire, il est d'usage au restaurant d'attendre plats et boissons devant une table vide. Dans de nombreux pays, au contraire, à peine installés les clients se voient servir une carafe d'eau et des petites douceurs à grignoter. Au Brésil, ce sont du pain, du beurre, des olives... et on appelle ça le *couvert*. De quoi patienter agréablement.

☞ La *brioche* brésilienne est un petit pain fourré au jambon et au fromage qu'on sert dans les bars les plus simples.

CRACHÁ (portugais du Brésil) : *badge,* de « crachat » – Peu engageant en apparence, le *crachá* brésilien n'est pourtant que ce rectangle de plastique ou de carton qui vous identifie professionnellement. C'est le badge porté lors des salons, congrès, conventions, mais aussi celui qu'on présente à l'accueil de son entreprise. Ce terme très officiel s'inspire d'un emploi ancien et ironique en France du mot « crachat », pour désigner une plaque ou un insigne d'un grade supérieur.

CRAYON (anglais) : *crayon de couleur exclusivement* – « Il était capable de créer les arts de la France au milieu des déserts de l'Arabie », se souvenait Napoléon à Sainte-Hélène. De qui parlait-il ? De Nicolas-Jacques Conté (1755-1805), l'un de nos plus grands savants, un génie même, et plutôt ignoré. Peintre, aéronaute, physicien, chimiste, inventeur de l'aérostation militaire et d'un système de télégraphie optique, il coordonna aussi cette œuvre pharaonique que fut la *Description de l'Égypte* (dix-huit années de travail, 900 planches, 3 000 dessins...). Mais si on le connaît encore, c'est pour l'invention du crayon moderne. Nous sommes alors en 1794 et la France en guerre est privée du graphite anglais. Le Comité de salut public charge Conté d'imaginer un crayon ; un crayon « révolutionnaire », il va sans dire. Conté a l'idée de mélanger du graphite (ampélite) avec de l'argile, de cuire le tout et de l'enfermer entre deux demi-cylindres de bois de cèdre. La formule ne changera plus.

CARAN D'ACHE

D'aucuns croient toujours que *karandash*, le « crayon » en russe, doit son nom à ce célèbre dessinateur et caricaturiste français du début du XXᵉ siècle : Caran d'Ache.

Un bon coup de gomme s'impose car en réalité, c'est tout l'inverse. Si Caran d'Ache s'est choisi ce pseudonyme, c'est que ce mot justement avait le sens de « crayon » dans la langue de Tolstoï. Pourquoi *karandash*, alors, plutôt que *pencil* ou *Bleistift* ? Emmanuel Poiré (1859-1909) – son vrai nom – est le petit-fils d'un soldat de Napoléon resté vivre à Moscou après la campagne de Russie ; un pays où lui-même passera toute sa jeunesse.

Cul-de-sac (anglais) : *impasse* – « *For rent : Luxury home on quiet cul-de-sac* », tel est l'intitulé d'une annonce immobilière parue dans un journal anglais. On comprend ici que la mention *cul-de-sac*, loin d'être dépréciative, s'accorde très bien au contraire avec le luxe revendiqué. On y suggère le calme, la sécurité, un emplacement de qualité. Loin donc du « cul-de-sac » français perçu comme fermé, à l'écart de tout, presque menaçant. C'est Voltaire, semble-t-il, qui proposa « impasse » comme substitut : « On trouve le mot de cul partout et très mal à propos, écrivait-il ; une rue sans issue ne ressemble en rien à un cul-de-sac ; un honnête homme aurait pu appeler ces sortes de rues des impasses [...]. »

CYCLETTE (italien) : *vélo d'appartement* – Pédaler sans avancer : ce pourrait être une métaphore de la vie moderne. C'est ici le rôle assigné à cette bicyclette privée de roues qu'on appelle en France « vélo d'appartement », mais que les Italiens connaissent sous le nom de *cyclette*. Pourquoi *cyclette* ? Le mérite en revient à la société Carnielli, sise à Vittorio Veneto depuis 1909, qui inventa l'appareil en 1953.

D

DANDELION (anglais) : *pissenlit,* de « **dent de lion** » – Pierre Larousse en a fait en 1876 l'emblème de son dictionnaire homonyme, accompagné de cette devise : « Je sème à tous vents ». C'est le pissenlit ; une plante dont les aigrettes, comme le savoir, présentent la particularité de voyager très loin. Une plante aussi dont les feuilles dentelées suggèrent (avec un peu d'imagination) la denture du roi des animaux. Dent-de-lion était le nom du pissenlit en France jusqu'au XVe siècle, mais les vertus diurétiques de cette plante ont eu raison des crocs les mieux acérés.

DARTANIAN (bulgare) : *homme âgé, vieillard,* de « d'Artagnan » – On l'ignore mais les relations entre la France et la Bulgarie sont anciennes. Dans *La Chanson de Roland*, déjà, les deux peuples sont décrits comme des adversaires acharnés : « Contre moi se rebelleront les Bulgares et tant d'autres ennemis. » Au XVIe siècle, dans *Gargantua*, Rabelais dénonce les « Bougres » (nom donné en France aux Bulgares) comme schismatiques, tandis que Ronsard, surnommé de son vivant le « Gentilhomme du Danube », se reconnaît une ascendance dans ce pays : « Or, quand à mon ancêtre, il a tiré sa race, d'où le glacé Danube est voisin de la Thrace... Plus bas que la Hongrie, en une froide part... » (*Élégie de 1554*). Mais au fait, d'où vient que le héros des *Trois Mousquetaires* se voit, en bulgare, associé au troisième âge ? Serait-ce à cause du *Vicomte de Bragelonne*, dernier volet de la trilogie où d'Artagnan avoue au jeune Louis XIV : « Si fait Sire : je me fais vieux ; voilà trente-quatre ou trente-cinq ans que je porte le harnais ; mes pauvres épaules sont fatiguées ; je sens qu'il faut laisser la place aux jeunes. » Que nenni ! *Dârt* a en réalité le sens de « vieux » en bulgare, et *dartanian* n'est qu'un jeu de mot facétieux. Les linguistes parleraient d'« assimilation vocale ».

DÉCOLLETÉ (italien) : *type d'escarpins* – Le *décolleté* italien a ceci de particulier qu'il ne se limite pas aux vêtements de buste. Il s'applique tout aussi bien, et davantage même, à un type de soulier féminin découvrant le pied à sa partie arrondie ; une sorte d'escarpins, en fait.
☞ Le décolleté anglais se nomme *decolletage*.

DÉCOUPAGE ; PAPIER-MÂCHÉ (anglais, italien ; anglo-amér.) : *collage décoratif ; papier mâché* – Outre la division, au cinéma et au théâtre, d'un scénario en scènes, le *découpage* désigne un art décoratif très populaire en Italie et dans les pays anglophones. Son principe est moins, comme en France, le découpage lui-même qu'un collage artistique (de papier, plus rarement de tissu) sur les objets les plus divers : boîtes, vases, cadres ;

lesquels objets sont ensuite vernis pour en parfaire la finition. On est bien loin de fait d'une simple activité enfantine. C'est vrai aussi pour le *papier-maché*. Venu de France au XIXe siècle, cet art décoratif fondé sur un mélange de papier et de colle a tout de suite connu un engouement spectaculaire, notamment aux États-Unis. Bureaux, chaises, boîtes, poupées, échiquiers, statues... les applications étaient multiples et ambitieuses. George Washington en commanda même à l'Angleterre pour le plafond de sa maison en Virginie. Plutôt délaissé dans l'Hexagone, le *papier-maché* demeure outre-Atlantique un art très populaire.

DÉGAGÉ (italien) : *homme politique indépendant* – Dans tout système politique, en démocratie tout au moins, existent des responsables libres de leur parole, c'est-à-dire non tenus par un dogme ou un parti. Ils sont dits en Italie *dégagés* ; *engagés* étant son contraire.

DEGOLOWKA (polonais) : *képi*, de « de Gaulle » – Étonnant : le képi fut un accessoire de mode en Pologne à la fin des années soixante. Il se portait chez les jeunes hommes dans des versions vert foncé, gris sombre ou marron. Cette mode dura peu mais elle a laissé son empreinte dans le lexique polonais. Son origine est la visite officielle, en 1967, du général de Gaulle dans les principales villes polonaises ; 1967 : l'année de la mort de Che Guevara, un personnage historique lui aussi, dont le couvre-chef auprès des jeunes connut un succès bien plus considérable.

DÉJÀ VU (anglo-américain) : *sensation d'avoir déjà vécu un événement* – Tout le monde en a fait ou en fera l'expérience au moins une fois, c'est la sensation étrange d'avoir déjà vécu une situation. Son nom scientifique est la paramnésie mais les Américains l'appellent *déjà vu*. Cette expression, très éloignée du tellement français « c'est du déjà vu », doit son existence à Émile Boirac (1851-1917), psychiatre de son état et recteur de l'académie de Dijon. Celui-ci la mentionna la première fois en 1903 dans son livre *L'Avenir des sciences psychiques* et développa longuement ses thèses à l'université de Chicago. Avec quelle postérité ! Des journaux, des bars, des restaurants, des films, une énorme chaîne de clubs de strip-tease portent aujourd'hui ce nom outre-Atlantique... Et impossible de marcher dans une rue de New York sans entendre près de soi le récit d'un *déjà vu*. Avec un mysticisme naïf qui peut surprendre vu d'Europe, beaucoup d'Américains regardent ce phénomène comme une preuve de nos existences antérieures.

☞ On parle désormais de *jamais vu* (situation répétitive vécue comme une première fois ; dans le domaine affectif, le « cœur d'artichaut » par exemple), de *presque vu* (trouble associé à l'épilepsie), ainsi que de *déjà lu* et de *déjà entendu*.

DÉJOURNY ; DEJOUR ; JOUR (russe ; polonais ; suédois) : *de garde, de service, de permanence,* de « de jour » – Dans les collèges russes puis soviétiques, puis à nouveau russes, a subsisté jusqu'à nos jours une habitude. Chaque élève à tour de rôle doit s'assurer, dix minutes avant le début du cours, de la propreté et du bon rangement de la salle de classe ; au risque de devoir la nettoyer lui-même. On appelle ça le *déjourny.* Cette expression d'origine militaire, et française (l'officier de service est encore appelé en France « officier de jour »), s'est étendue aujourd'hui à toute la sphère sociale. On parlera ainsi de *déjourny* à l'hôpital, en entreprise, dans l'administration, ou pour un service de renseignements téléphonés (*déjourny telefon*). Comme adjectif, *déjourny* s'applique par ailleurs à un objet usuel, quotidien, une chose indispensable ou incontournable. En Pologne (*dejour*) et en Suède (*jour*), la formule est très courante également.

DELUSIONS OF GRANDEUR (anglais) : *illusion de grandeur* – Ce n'est pas la folie des grandeurs, même si ça y ressemble, mais plutôt cette surestimation par les gens de pouvoir de leur propre importance. Une formule peut illustrer en France cet état d'esprit, c'est le fameux « Je me félicite » prononcé par nos hommes politiques à propos, au choix, de l'arrivée du beau temps, de la hausse de la natalité ou du dénouement heureux d'un fait divers.

Demi ; surdut ; pardesiu (néerlandais ; yiddish ; roumain) : de « demi-saison » ; « sur tout » ; « pardessus » – Le *demi* néerlandais, bien que les Pays-Bas soient de grands producteurs de bière, n'est pas une petite mousse mais un pardessus, un paletot léger qu'on porte à l'intersaison. Le *surdut*, lui, vocable présent dans la littérature yiddish bien plus (la faute à l'histoire) que dans la bouche d'êtres vivants, désigne une redingote, une veste longue, autrement dit un habit qui se porte « sur tout ». Enfin, le *pardesiu* roumain ne se distingue en rien, sémantiquement, de notre « pardessus », mais il a engendré une expression cocasse : *pardesiu de scanduri*, littéralement « pardessus en planches ». Ce drôle de vêtement, les Français l'appellent familièrement « costume en sapin ». C'est bien sûr le cercueil. ☞ La *cagoule* est en anglais une veste imperméable, un coupe-vent à capuche, et le *kapuchon* un anorak, une canadienne, en persan.

Demi-tasse (anglo-américain) : *café fort, expresso ; tasse à café* – Au pays du *big is beautiful*, le café se boit dans de grandes tasses mais si peu serré qu'on peut en boire des litres. Rien à voir avec l'expresso, donc, et il fallait bien distinguer les deux. S'est présentée alors cette expression, devenue désuète en français, mais que Gustave Flaubert emploie encore dans *Bouvard et Pécuchet* : « Bouvard fumait la pipe, aimait le fromage, prenait régulièrement sa

DOUBLETS ROUMAINS

Les doublets, ou paires de mots, ont une même étymologie mais une forme et un emploi différents. Citons dans notre langue : hôtel/hôpital, poison/potion, froide/frigide...

Le roumain compte de nombreux doublets issus du français. En voici quelques exemples :

Bor est un bord de chapeau tandis que *Bord* est la cabine ou la coque d'un navire.

Bulion, de « bouillon », est un coulis, un concentré de tomates, et *buion*, un consommé.

Capot, de « capote » au sens de toile de protection, est une robe de chambre tandis que *capota* est le capot d'une voiture.

Coc est un chignon et vient de « coque », une ancienne coiffure où les cheveux étaient gonflés en forme de coque d'œuf, tandis que *coca* est une pâte pour la pâtisserie.

File est une tranche de viande fine et *fileu* le filet, pour le tennis par exemple.

Tricot est un ouvrage tricoté à la main et *tricou*, le maillot d'un sportif.

On pourrait ajouter aussi cette sorte de doublet : *eau de Cologne*, qui suggère une eau de qualité, et *odicolon*, une eau bas de gamme.

demi-tasse. » La « demi-tasse » est alors décrite comme une petite tasse dans laquelle se sert ordinairement le « café à l'eau ». La tasse elle-même, notre tasse à café, est aussi gratifiée de cette dénomination, et ce sont ces deux sens qui franchiront l'Atlantique.

☞ En Grande Bretagne, la *demi-tasse* désigne une petite tasse de thé après dîner.

DOUBLE ENTENDRE (anglais) : *double sens, sous-entendu* – C'est l'un des ressorts traditionnels de l'humour anglais : dire une chose et en suggérer une autre. Il va sans dire que cette autre chose a le plus souvent un caractère scabreux (*risqué* disent les anglophones). Un exemple ? *If I said you had a beautiful body, would you hold it against me ?* qu'on peut traduire par « Si je vous disais que vous avez un joli corps, est-ce que vous m'en voudriez ? » ou par « Si je vous disais que vous avez un joli corps, est-ce que vous le tiendriez contre moi ? ». Autre exemple tiré du film *The Avengers* (*Chapeau melon et bottes de cuir*) : alors qu'ils viennent d'être arrosés, Sean Connery déclare à la jolie Uma Thurman : « *You know, one should never fear being wet* » (« Vous savez, on ne devrait jamais craindre d'être mouillé(e) »). Longtemps, le *double entendre* ne fut pas très goûté dans la puritaine Angleterre. Jusqu'en 1968, il exista même un organisme chargé de traquer, à des fins de censure, ses manifestations les plus audacieuses.

DOUCEUR ; DUCER (néerlandais, anglais ; polonais) : – La *douceur* néerlandaise est en général sonnante et trébuchante. C'est un petit extra, un à-côté. La *douceur* anglaise n'est pas très différente puisqu'elle désigne un pourboire, une gratification pour un service rendu ou attendu ; avec parfois le sens moins honorable de dessous-de-table, de pot-de-vin. Dans le domaine plus spécifique du commerce d'art, c'est aussi le nom de cette faveur fiscale accordée à un propriétaire qui vend une œuvre d'art à une collection publique plutôt que sur le marché libre. Enfin, loin de ces considérations mercantiles, la « *ducer* » polonaise est un compliment. On le retrouve dans l'expression *prawié kobiecie ducery* (« conter fleurette, faire la cour à une femme »).

DOUZPA ; AMPUL ; CHUTE ; REMIS ; REMIZA (bulgare ; turc ; portugais du Brésil ; allemand ; slovaque) : – Dans un tir au but ou un penalty, la règle au football veut que le ballon soit placé à onze mètres de la ligne de but, ce qui en gros correspond à « douze pas ». Douze pas pour un Bulgare, mais combien pour un Hollandais ? et pour un Portugais ? L'*ampul* (d'« ampoule ») turc a, pour sa part, le sens argotique de tête chauve, mais sur un terrain, c'est le nom donné à un but marqué par une balle passée juste au-dessous de la barre transversale, ou dans l'angle. Au Brésil ensuite, terre d'élection du football, *chute* désigne curieusement un coup de pied dans le ballon ; le verbe étant *chutar*. Enfin, *Remis* (du verbe « remettre ») en allemand et *remiza* en slovaque signifient match nul, égalité :

Der Bayern und En-Avant de Guingamp spielten Remis (« Le Bayern et l'En-Avant de Guingamp ont fait match nul »).

DRAPP (hongrois) : *couleur beige, écru,* de « **drap** » – Explication des plus simples pour cette désignation : les draps autrefois étaient en lin naturel, non blanchi, et ils avaient cette couleur qu'on ne donne plus aujourd'hui qu'aux vêtements ou aux tissus de décoration.

DROIT DU SEIGNEUR (anglais) : *droit de cuissage* – Le droit de cuissage, s'il a jamais existé, autorisait jadis un seigneur à jouir de la femme d'un vassal lors de sa nuit de noces. Sa version contemporaine est l'abus de pouvoir à des fins sexuelles. Si l'expression « droit du seigneur » avait encore cours en France, sous la plume d'un Voltaire ou d'un Beaumarchais, elle ne se retrouve plus aujourd'hui que dans la langue de Shakespeare.

E

EDECÁN (espagnol) : de « aide de camp » –
L'« aide de camp » est en France, et dans de
nombreux autres pays, un officier attaché au
service d'un chef militaire, chargé en particulier
d'assurer la transmission de ses ordres et de
veiller à leur exécution. En Espagne, sous la
forme *edecán*, il a aussi le sens d'assistant, d'in-
termédiaire, et plus familièrement d'entre-
metteur (dans des relations illicites) ou de
colporteur de ragots. Dans le Nouveau Monde,
au Salvador et au Mexique, le mot désigne
professionnellement ces jeunes femmes ayant
« un bon contact et une bonne présentation »,
comme disent les petites annonces, et qui offi-
cient dans un uniforme seyant : les hôtesses (de
salons, de congrès, etc.).

EMBRASSONS-NOUS (italien) : *unité de façade* –
L'expression appartient au monde politique. Elle
désigne, et dénonce, ce type d'attitude consistant pour des leaders, des courants, des partis
qu'on sait en désaccord sur le fond à s'afficher
unis ou réconciliés ; pour des raisons, il va sans
dire, électoralistes. On parlera en France
d'« embrassades de circonstance », d'« unité de
façade », de « sourires pour la galerie ». Elle est
empruntée à un vaudeville d'Eugène Labiche,

Embrassons-nous, *Folleville* (1850), et se rencontre en Italie sous des formes variées comme *La politica dell' embrassons-nous* ou *Un embrassons-nous dell'ultima ora*.

ENCORE ; ANKÔRU **(anglais, suédois ; coréen, japonais) :** *bis* – De Londres à New York, de Melbourne à Ottawa, en passant par Tokyo, Stockholm ou Séoul, lorsque, dans une salle de concert, le public enthousiaste désire réentendre un morceau, il ne crie pas « bis ! » (ou plus trivialement « une autre ! ») comme en France, mais *encore ! encore !* ou *ankôru ! ankôru !*, et comme en France en général, il obtient satisfaction. Loin de se limiter au répertoire classique, l'emploi du mot *encore* s'étend dans le monde anglophone à tous les styles musicaux. Il a donné naissance au verbe *to encore : The audience encored the pianist.* (« Le public rappela le pianiste. »)

EN PLEIN **(fare l') : (italien) :** *taper dans le mille, obtenir exactement ce que l'on désire* – Créée en France en 1765, la roulette reste le plus populaire des jeux d'argent et de hasard et, sur tous les tapis verts du monde, le français est encore à l'honneur. « Croupier », « colonne », « cheval », « carré », « voisin », « manqué », « martingale »... et bien sûr les fameux « Rien ne va plus », « Faites vos jeux » et « Les jeux sont faits » forment l'esperanto des drogués de la boule. « Faire l'en plein » est une autre de ces expressions. Elle signifie obtenir le gain maximum, soit 35 fois la mise. Sortie des casinos, elle s'applique en Italie à diverses situations avec l'idée chaque fois de tout ramasser. D'un tombeur de ces dames, on dira ainsi : *Ha fatto l'en plein*. (« Il les a toutes eues. »)

☞ Le mot turc *amorti* a le sens de lot de consolation dans une loterie ; le but étant peut-être d'« amortir » le choc de la déception chez le candidat malheureux.

FRANCESPERANTO

Le texte qui suit n'est pas inoubliable. Il a pour seul mérite de concentrer de nombreux mots français internationaux, des mots universels ou presque. C'est donc une sorte d'esperanto : le « francesperanto ».

Iris étudie l'**architecture antique**. Elle est en troisième **cycle**. Elle adore cette **discipline**. Elle fouille dans les **archives**, parcourt les **documents**, les **catalogues**, écoute des **cassettes**. Elle admire les **statues** de tous les **continents**. Elle a de nombreuses **illustrations**, quelques **bronzes** aussi. Elle en fait **collection**. C'est son côté **scorpion**. **Barricadée** dans son **garage**, elle reproduit des monuments en **miniature**. On lui dit que c'est **idiot**, ou trop **original**, mais elle trouve ça **normal**. Certains aiment les animaux : les **lions**, les **crocodiles**, les **cobras**, les **rats**, les **sardines**. D'autres aiment les **vêtements**, le **textile**, comme les **tutus**, les **corsets**, les **blazers** beige. D'autres encore aiment les noms en *c* comme **calibre**, **calorie**, **canal**, **cardinal**, **casino**, **caste**, **catastrophe**, **cellulite**, **central**, **civil**, **client**, **coalition**, **coefficient**, **coma**, **commando**, **conception**, **consul** ou **contact**. Elle, c'est les vieilles pierres. C'est sa **religion**, sa **morale**. Pas un **handicap** en tout cas, mais peut-être un **microbe**. Elle est sans **nation**. Elle se sent **internationale** et rêve de faire le tour du **globe**, mais question **finances**, ce n'est pas le **banquet**. La faute à l'**inflation** et à l'inspection **fiscale**.

Mais la **culture** n'est pas son seul **horizon**. **Iris** est aussi **sentimentale**. Elle aime se bercer d'**illusions**. Elle rêve d'un **prince** charmant, un **baron** plutôt qu'un **bandit** ou un **pirate**. Il ne serait pas **brutal**. Il aurait du **respect** pour elle, il l'inviterait au **restaurant**, lui offrirait des **roses** selon la **tradition**. Il lui ferait des **compliments**, lui servirait du **caviar** avec de la **salade**. Après le dîner, il l'emmènerait en **taxi** au **concert** pour écouter, non pas de la musique **folklorique** mais un **quartette** de **jazz**. Puis, dans la rue, il l'embrasserait en **public**, sous l'œil indulgent d'une **brigade** de **police**. Et dans sa poitrine, ces **transports** lui feraient comme une **explosion**. Mais elle ne pleurerait pas.

Elle le jure sur la **Bible**.

EN SUITE (anglais ; néerlandais) : de « en suite »
– Architecturalement aujourd'hui, une suite ne
désigne plus en français, comme dans diverses
langues (anglais, allemand, italien, néerlandais...), qu'un appartement de plusieurs pièces
dans un hôtel de luxe. Fut un temps toutefois où
l'on parlait en France d'appartement « en suite »
pour signifier des pièces en enfilade. C'est cette
idée qu'ont conservée anglophones et néerlando-
phones. Pour les deux, *en suite* est synonyme d'at-
tenant, contigu. On dira ainsi *with an en suite
bathroom* ou *met een badkamer en suite* (« avec une
salle de bains contiguë, en enfilade »), ou bien
encore *twee kamers en suite* (« deux pièces conti-
guës »). Avec toutefois cette différence que l'expression anglaise concerne seulement la salle de
bains, et induit sa présence : *All four bedrooms are
en suite*. (« Les quatre chambres disposent d'une
salle de bains. »)
☞ Le *Séparé* allemand est un salon, un cabinet
particulier dans un restaurant ou un hôtel, et
aussi une loge d'opéra.

EN-TOUT-CAS ; ANTOUKAVY (anglais, anglo-austra-
lien ; tchèque, slovaque) : *court de tennis en
dur ; court en terre battue,* de « en tout cas » –
Notion délicate à cerner, lorsqu'on parle de
tennis, que celle d'*en-tout-cas* dans les pays
de langue anglaise et dans l'ancienne Tchécoslo-
vaquie. Un survol historique s'avère donc nécessaire. C'est en 1880, à Cannes, que les frères
Renshaw, anciens vainqueurs de Wimbledon,

ont l'idée de recouvrir la terre d'une poudre destinée à protéger et colorer les courts. Cette poudre, issue du broyage de pots en terre cuite fabriqués à Vallauris, est bientôt remplacée – succès oblige – par de la poudre de brique. La terre battue est née. Mais ce substitut au gazon présente un inconvénient majeur : après une pluie, même courte, la surface demeure impraticable pendant plusieurs jours. Le remède viendra en 1909 d'une société anglaise, avec le concept de séchage rapide ; en fait un nouveau procédé de drainage de l'eau. Reste à baptiser ce type de court. Existait à cette époque, chez les Anglaises élégantes, un accessoire en vogue. De couleur vive et de petite taille, il avait cette particularité d'être à la fois un parapluie (*umbrella*) et une ombrelle (*parasol*). En ces temps d'Entente cordiale et de francophilie relative, on l'appelait *en-tout-cas* (par tous les temps, dans tous les cas). Ce sera le nom du nouveau revêtement, et celui de la société. Se pose à présent la question de la définition. Selon l'*Oxford English Dictionary*, référence obligée pour l'anglais, *en-tout-cas* est un type de court en dur. Plus rien à voir donc avec la terre battue, et la « faute » en revient à la société En-Tout-Cas qui commercialise aujourd'hui des surfaces synthétiques surtout. L'ancienne acception d'*en-tout-cas* s'est cependant maintenue dans la lointaine Australie. C'est le cas également en territoires tchèque et slovaque avec les termes *antouka* (brique pilée) et *antoukavy* (court en terre battue).

ENTRÉE (anglo-américain) : *plat principal, de résistance* – Si l'*entrée* n'est pas l'entrée, comment s'appelle l'entrée, alors ? Elle s'appelle *hors d'œuvre*, car on ne peut quand même pas se tromper tout le temps.

EN VENTRE SA MÈRE (anglais) : *en gestation* – Cette expression appartient au langage juridique et se réfère à un enfant conçu mais non encore né. Elle est au cœur de débats tels que la nature du fœtus, l'IVG, ou – dans le cas d'un père décédé avant la naissance – les questions de succession.

ECHANTYON (argot turc) : *pot-de-vin, bakchich,* de « échantillon » – « Montrez-moi un *echantyon* », demande le directeur des achats au fournisseur qui lui rend visite. L'air entendu, celui-ci ouvre sa mallette et présente à son interlocuteur non un exemplaire de son produit, mais quelque alléchante liasse. Et l'affaire de se conclure.

ESTAFETTE ; ESTAFIETA ; ESTAFETA (néerlandais ; russe ; espagnol) : *relais, course de relais, témoin ; bureau de poste, courrier de cabinet* – L'estafette, hormis le sens militaire d'agent de liaison, n'est plus associée aujourd'hui qu'au souvenir de cette sympathique fourgonnette produite par la Régie Renault dans les années 1960. Durant plusieurs siècles, pourtant, l'estafette, nom donné au courrier qui portait les dépêches d'une poste à l'autre, fut l'unique moyen de transmission en France et ailleurs. Les Pays-Bas et la Russie en conservent aujourd'hui la trace dans leur jargon sportif, non sans une certaine logique. On parlera ainsi d'*estafieta* en russe pour une course de relais, et en néerlandais d'*estafette* non seulement pour la course mais aussi pour le bâton-témoin. Quant à l'Espagne, l'*estafeta* y est un bureau de poste, tandis que le facteur-receveur se nomme *estafetero*.

ETIQUETTE (anglais) : *bon usage, code de comportement, de bonne conduite* – L'étiquette n'a pas disparu avec l'Ancien Régime. La République l'a seulement démocratisée. Le goût du protocole, des conventions, des convenances, des statuts et des diplômes est là pour l'attester. Cette étiquette n'a qu'un but : l'« étiquetage », cette spécialité nationale que personne ne nous envie. Dans les pays anglo-saxons, l'*etiquette* a plus à voir avec l'éthique (même s'il n'y a pas de rapport étymologique). C'est en effet un code de bonne conduite, une règle de bon fonctionnement dans un groupe d'usagers. Les internautes français connaissent déjà la *netiquette*, mais il existe aussi la *jetiquette* pour les passagers d'un vol (respecter l'espace d'autrui, ne pas raconter sa vie à son voisin...), la *wetiquette* pour les pratiquants de sports nautiques, la *petiquette* pour les détenteurs d'animaux domestiques, la *croquettiquette*, qui n'a rien à voir avec la précédente mais qui concerne les joueurs de croquet ; et d'autres à venir sans doute.

ETUI (allemand, familier) : *petit lit étroit, lit pour une personne* – Le problème des frontières est récurrent chez les Allemands. Où s'arrêtent et où finissent leur pays, leur langue ? La tentation expansionniste fut une mauvaise réponse à cette question existentielle. Au moins, une fois au lit, n'ont-ils plus à s'interroger. Ces grands corps mal assurés n'aiment rien tant alors que de se sentir à l'étroit, comme protégés du monde et d'eux-mêmes.

☞ Le *Plumeau* est en Allemagne un édredon, un couvre-pied.

F

FANFARE (allemand) : *trompette simple, sans pistons* – La fanfare est un orchestre composé d'instruments de cuivre, auquel s'adjoignent souvent des instruments à percussion. La trompette, incontestablement, y joue un rôle majeur d'où, en allemand, ce nom de *Fanfare* qui la désigne. Oui mais attention : la *Fanfare* est une trompette sans pistons. Quand elle possède des pistons, elle s'appelle alors une... *Trompete*.

FARMAZON (russe) : *affairiste, personne douteuse,* de « franc-maçon » – La franc-maçonnerie, mouvement parti d'Angleterre au XVIIIe siècle mais inspiré par les Rose-Croix français, eut longtemps mauvaise presse en Occident. Son goût du secret, ses rites mystérieux nourrissaient une vive méfiance et de nombreux préjugés. Dans l'Empire russe, ce fut pire encore puisque Alexandre Ier (lui-même franc-maçon pourtant) en interdit l'existence en 1822. Un tel glissement sémantique ne saurait donc surprendre.
☞ Le *farmason* turc, en dehors du sens ordinaire, désigne péjorativement un athée.

FATIGUE ; FATIGUES (anglais) : *fatigue, corvée ; tenue de corvée, treillis,* de « fatigue » – La *fatigue*, qui existe en anglais depuis le XVIIe siècle, est physique ou morale mais résulte uniquement de l'effort. Elle s'est enrichie d'une nouvelle acception à la fin du XVIIIe siècle, celle de corvée. *I'm on fatigue* (« Je suis de corvée »), dira sans enthousiasme un soldat. Dans le même ordre d'idée, il parlera de *fatigue duty* ou de *fatigue party*. Obéissant à une certaine logique et aux lois élémentaires de la métonymie, *fatigue* a donné naissance, soixante ans plus tard, à *fatigues*, au sens de « tenue de corvée ». Et le glissement ne s'est pas arrêté là puisque *fatigues* désigne aujourd'hui le treillis en général. « *Soldiers in fatigues with automatic weapons are parked on street corners* » (« Des soldats en treillis munis d'armes automatiques sont postés au coin des rues »), peut-on lire au sujet de l'Irak. Des soldats jeunes le plus souvent, et qu'épargne de moins en moins le *combat fatigue* (traumatisme lié au stress de la guerre).

FAUX BONHOMME (anglais) : *faux ami, hypocrite* – Les Anglais viennent en France pour passer leurs vacances, les Français vont en Grande-Bretagne pour travailler. Les premiers en reviennent ravis, au point qu'ils y achètent des maisons, voire y coulent leurs vieux jours ; les seconds s'en retournent les poches pleines, parfois, mais heureux surtout de rentrer chez eux. La raison en est souvent, pour user d'un prudent euphémisme, une difficulté à percer à jour les sentiments de leurs hôtes. « Faux bonhomme *may be a French expression, but it is a very English phenomenon* » reconnaissent les intéressés eux-mêmes. *Faux bonhomme* ? Une formulation qui avait cours en France au XIXe siècle s'appliquant à « celui qui par finesse ou pour son intérêt, affecte la bonté, la simplicité, le désintéressement ». On la retrouve de temps à autre aujourd'hui sous une plume anglophone ; ainsi pour décrire le personnage de Michael Douglas dans le film *Wall Street* : « *He is the Wall Street Mephistopheles, the Grand seducer, not just some greedy upstart and faux bonhomme.* » (« Il est le Mephistopheles de Wall Street, le grand séducteur, pas seulement l'arriviste avide et "faux bonhomme". »)

FAUX PAS ; FOPAA (anglais, allemand d'Autriche ; estonien) : *gaffe sociale ou culturelle* – On se souvient du film *Ridicule* et de cette scène en présence du roi Louis XV où Bernard Giraudeau (son personnage plutôt), par l'effet d'une mauvaise plaisanterie, voyait sa position à la Cour brusquement compromise. Un Anglais, un Autrichien ou un Estonien parleraient dans ce cas d'un *faux pas* ou *fopaa*, c'est-à-dire d'une gaffe. Cette notion s'applique également aux rapports entre cultures. Un faux pas résultera cette fois d'un non respect, par ignorance, des usages de l'autre. Quelques exemples ? Manger avec votre main gauche dans les pays arabes (main réservée à l'hygiène du corps), finir son assiette en Chine, ne pas la finir en Estonie, offrir en France des chrysanthèmes à la maîtresse de maison ou retirer son manteau sans en avoir été prié, ne pas regarder son interlocuteur dans les yeux aux États-Unis, faire la bise à un inconnu ou un collègue de travail dans ce même pays, oublier le mot *please* en Grande-Bretagne...

VIVE LE ROUÈ !

La langue est soumise aux aléas de l'histoire. Un Français de 2006 aurait sans doute du mal à reconnaître dans les *boett* et *oboe* suédois, nos actuels « boîte » et « hautbois ». Ces mots d'emprunt se prononcent simplement comme avant la Révolution. Ils sont les témoins vivants d'un temps révolu. Lorsque Louis XVIII regagna son trône, après vingt-quatre ans d'exil, il ignorait ce changement phonétique. « C'est mouè le Rouè ! » déclara-t-il, ce qui fut très mal reçu par les Français.

FAWORKI (polonais) : *type de gâteau,* de « faveur » – Au temps de la chevalerie existait un usage fort prisé parmi la gent courtoise : les dames, lors d'un tournoi, offraient à leur chevalier servant un ruban. On l'appelait une « faveur ». Sans qu'on en connaisse la raison, ce souvenir s'est conservé en Pologne sous la forme de gâteaux croustillants, cuits dans l'huile, et qui ont justement la forme de rubans. Ils se nomment *faworki* et sont servis le jeudi gras, fête essentiellement polonaise, située entre la fin du carnaval et le début du carême.

FEDORA (anglo-américain) : *chapeau feutre,* de « **Fedora Romanoff** » – De Fred Astaire à Frank Sinatra, d'Humphrey Bogart à Harrison Ford ou Al Pacino sans oublier en France les Belmondo, Delon et autres Ventura, ils l'ont tous porté. C'est le feutre, le chapeau à bord de type européen. Son nom, en anglais, a pour origine une autre star, la star de son temps : Sarah Bernhardt. Nous sommes alors en 1882, sur la scène d'un grand théâtre parisien. La pièce que l'on s'apprête à jouer est de Victorien Sardou (1831-1908), un maître du drame historique, auteur quelques années plus tard de *Madame Sans-Gêne* et de *La Tosca.* Celle-ci a pour titre *Fedora.* C'est le nom de son personnage principal, la princesse Fedora Romanoff, incarnée bien sûr par Sarah Bernhardt. La pièce, d'un intérêt médiocre aujourd'hui, a un énorme succès ; comme le chapeau porté par l'héroïne. Celui-ci devient instantanément à la mode, chez les hommes comme chez les femmes, et lorsqu'il franchit l'Atlantique, le succès est plus considérable encore. Ainsi naissent les mythes.

FÊTE ; SOIRÉE (allemand) : *petite fête ; grande soirée* – La *Fête* allemande pourra être gaie, animée, bruyante ; on pourra s'y amuser, boire, danser, mais elle ne pourra se produire qu'en petit comité, amical ou familial. À l'inverse, une *Soirée* ne saurait être pour nos voisins qu'une grande soirée : réception, événement musical ou artistique ; pas la soirée télé donc.

FEUILLETON, FELYETON (allemand ; russe) : *pages culturelles, article satirique* – Le feuilleton fut d'abord, en France, un terme d'imprimerie. En 1790, il désignait un « petit cahier constitué avec le tiers de la feuille d'impression ». Un peu plus tard, il se mit à signifier cette partie réservée, au bas d'un journal, à une rubrique régulière, théâtrale d'abord puis artistique, littéraire... le dérivé « feuilletoniste » étant attribué à Théophile Gautier au sens de critique littéraire. Après quoi cette acception tomba largement en désuétude, l'effet pour une part de l'énorme succès rencontré par les romans-feuilletons du XIXe siècle. « Feuilleton » n'a plus gardé, dans l'Hexagone, que ce dernier sens, celui d'un genre populaire dont la place naturelle est aujourd'hui la télévision. Rien de tel en Allemagne où *Feuilleton* est le nom donné aux rubriques et pages culturelles d'un quotidien. Il s'agit là d'un exercice journalistique où la rigueur de la critique le dispute souvent au raffinement littéraire. Les plus brillants esprits de la *Mitteleuropa* y excellèrent avant-guerre (Victor Auburtin, Walter Benjamin, Siegfried Krakauer, Joseph Roth...), jusqu'à ce que les nazis qualifient le *Feuilleton* de « juif ». Signe des temps, les thèmes abordés de nos jours par le *Feuilletonist* ne sont plus exclusivement culturels, mais concernent parfois aussi l'économie, les sciences ou les technologies. Le *Feuilleton* allemand possède également le sens, plus marginal, d'article satirique. Karl Kraus en fut à coup sûr l'auteur le plus corrosif et le plus radical au début du XXᵉ siècle à Vienne ; un modèle pour les moins assoupis de nos humoristes. Et c'est cette signification qu'ont retenue les Russes aujourd'hui, avec ce mauvais souvenir cependant : à l'époque brejnévienne, le *felyeton* fut pratiqué par de « courageux » rédacteurs à la solde du régime qui employaient la dérision pour décrier les dissidents (Alexandre Soljenitsyne, Andreï Siniavski, Léonid Plioutch...).

FIDEL (allemand) : *enjoué, qui aime s'amuser,* de « fidèle » – Ce mot, issu du langage étudiant du XVIIIᵉ siècle, s'explique probablement par la devise « Toujours fidèle et sans souci ». Être *fidel,* pour un mari allemand, n'est sans doute pas le meilleur moyen de le rester, fidèle...

FILBERT (anglo-américain) : *noisette,* de « Saint-Philibert » – La noisette se dit en anglais *nut* ou *hazelnut,* mais aux États-Unis on l'appelle plutôt *Filbert.* La raison en est que Saint-Philibert (614-684), élevé à la cour du roi Dagobert et fondateur entre autres des abbayes de Jumièges, Montivilliers et Hermoutier (Noirmoutier), eut l'idée de mourir un 20 août, c'est-à-dire en pleine période de récolte des noisettes.

FILFIZON (roumain) : *m'as-tu-vu, dandy* – Autre avatar linguistique de la Carmagnole (voir *caramañola*), *Filfizon* trouve son origine au cœur du refrain : « Vive le son, vive le son ! » Il désigne ironiquement un jeune homme aux manières affectées et aux préoccupations futiles. Une catégorie de personnes bien représentée en France, si l'on en croit le monde entier ou presque (voir aussi *futre*).

FILM D'ESSAI ou CINÉMA D'ESSAI (italien) : de « cinéma ou film d'art et essai » – « Promouvoir un cinéma de création dans toute sa diversité », telle était la promesse du cinéma d'art et essai à sa création. Quarante ans plus tard, cette belle idée se résume surtout à un réseau de salles exploitant de vieux succès américains en noir et blanc. Les Italiens, eux, sont restés fidèles à la définition d'origine. Un *film d'essai* dans leur esprit désigne des œuvres aussi diverses que *Le Pianiste*, *Kill Bill*, *Un long dimanche de fiançailles*, *Big Fish*, *Lost in Translation*…

FILOU (all. d'Autriche ; allemand) : *être rusé* ; *dom Juan* – Ni escroc ni aigrefin comme en France, le *filou* autrichien est un être rusé mais gentil et attachant. À peine a-t-il franchi la frontière allemande cependant qu'il se mue en un vil séducteur. Adolphe Menjou (voir *Menjoubärtchen*) le joua à merveille autrefois.

FISIMATENTEN (allemand berlinois) : *difficultés, problèmes,* de « **visiter ma tente** » – Le mot remonte à l'occupation de Berlin par l'armée napoléonienne : en 1806-1807 après les victoires d'Iéna et d'Auerstadt, ou en 1812-1813, quand la capitale prussienne servit de base arrière à la désastreuse campagne de Russie. Rappelons qu'à cette dernière occasion, 24 000 soldats français stationnèrent à Berlin jusqu'en mars 1813, 24 000 soldats dans la force de l'âge dont les appétits bien humains étaient avivés par leur relatif désœuvrement. « Voulez-vous visiter ma tente ? » suggéraient aux innocentes Teutonnes nos rusés compatriotes, impatients qu'ils étaient de prendre du bon temps. Nul doute que cette variante archaïque des estampes japonaises connût un certain succès puisque les *Mutti*, attentives à la réputation de leur progéniture, en conçurent bientôt cette formule de mise en garde : « *Mach mir keine Fisimatenten !* » (« Ne me fais pas d'histoires ! », littéralement : « Ne me fais pas de "Visiter ma tente" ! ») Une seconde hypothèse, moins plausible, partage les scrupuleux étymologistes, celle de soldats regagnant leur campement avec un retard caractérisé : « J'ai visité ma tante ! » se justifiaient-ils auprès du surveillant. Cette dernière explication a pour elle de s'apparenter au fameux « ma tante » (le mont-de-piété, le clou) que les Français désargentés fréquentèrent assidûment au XIXᵉ siècle.

ALLEMANDS-PIGE

Voilà un mot danois trompeur. Immédiatement bien sûr, on pense à une origine française et à nos voisins d'outre-Rhin. Si l'on sait par ailleurs que *pige* signifie « fille » et que *allemands-pige* a le sens de « fille publique », alors là, plus de doute et on reconstitue l'histoire : la Seconde Guerre mondiale, ces femmes françaises qui couchaient avec l'occupant, l'opprobre, la honte, et pour finir, un emprunt en bonne et due forme... Conclusion hâtive car « allemands », en danois, n'a rien à voir avec les descendants des Goths. Le mot se compose simplement de *alle* (tout) et *mands* (monde) et signifie « de tout le monde ».

Flux de bouche (néerlandais) : *volubilité, faconde* – Cette locution peu ragoûtante n'est pas née de la fantaisie débridée d'un humoriste batave, mais trouve son origine dans notre belle langue. Au XVIIIe siècle, elle qualifiait le crachement provoqué par le mercure qui était supposé guérir les maladies vénériennes. Puis, au XIXe siècle, elle ne désigna plus qu'une abondance inaccoutumée de salive, laquelle prit bientôt, métonymiquement, le sens de volubilité. En fait foi ce portrait d'une certaine duchesse par un chroniqueur oublié : « [...] Je trouvai cette princesse assez bien conservée ; ses traits sont beaux, mais son teint est passé et fort jaune ; elle a un flux de bouche qui oblige au silence tous ceux auxquels elle parle ; [...] » En français d'aujourd'hui, on dirait volontiers de cette grande bavarde qu'elle dépense beaucoup de salive, voire qu'elle la perd.

FOKOLI (persan) : *imitateur des Occidentaux,* de « **faux col** » – « Ah ! ah ! monsieur est persan ? C'est une chose bien extraordinaire ! Comment peut-on être persan ? » s'amusaient les Parisiens dans les *Lettres persanes.* C'était là, de la part de Montesquieu, une manière de pointer avec ironie le nombrilisme et l'arrogance de nos concitoyens, car la question sous-jacente était en réalité : Mais comment peut-on ne pas être Français ? Dans les pays où s'exerça l'influence française, la conviction de cette supériorité se communiqua même à certains autochtones, apôtres zélés de leur propre déculturation. Ainsi furent en Perse les *fokolis.* À l'origine, ce mot désignait une personne portant un faux col. Puis il est devenu, connoté négativement, le nom de ces Iraniens vêtus et éduqués à l'occidentale qui dénigraient la culture persane.

☞ En argot turc, un *didon* (de « dis-donc ») est un Français, un Européen ; c'est aussi une personne qui imite les Occidentaux, un snob.

FOUJERR ; BOKAL (russe) : *flûte à champagne,* de « *fougère* » ; *coupe, verre à pied,* de « bocal » – Le « champagne » russe est au champagne français ce que le Tupolev 144 fut au Concorde : une mauvaise copie. À l'instar de l'original, cependant, on le déguste dans une flûte ou une coupe. La première se nomme en russe *foujerr*, la seconde *bokal*. Pourquoi cela ? Au XIXe siècle, la cendre de fougère entrait dans la composition du verre et le mot, par métonymie, se confondit avec le verre à boire comme le suggère ce vers : « Quand le vin pétille dans la fougère [...]. » Tout donne à penser par ailleurs que la forme allongée des feuilles, chez certaines variétés de ptéridophytes, n'était pas étrangère à ce rapprochement. Le mot « bocal », quant à lui, prit à la même époque un sens particulier, et éphémère. La fée électricité n'existait pas alors et certains artisans – les horlogers surtout – avaient besoin pour travailler d'un éclairage précis. D'où cette idée d'un globe de verre ou de cristal monté sur pied et rempli d'eau qui, à la manière d'une loupe, concentrait sur l'ouvrage la lumière d'une chandelle ou d'une lampe à huile. De ce « bocal » français au verre à pied, il n'y avait qu'un pas sémantique que l'imagination russe – grisée peut-être par l'alcool – franchit allègrement.

☞ L'épithète *champagn* se dit en polonais d'une femme gaie, qui aime la fête.

FOURCHET (russe) : *cocktail, buffet,* de « déjeuner à la fourchette » – C'est au début du XIXe siècle, sous l'influence des salons parisiens tels ceux de Mme Récamier ou Mme de Staël, que s'opéra le décalage horaire – et la confusion sémantique – entre nos différents repas. Le rythme déjeuner-dîner-souper, encore en usage dans certains pays francophones, est devenu ainsi le petit déjeuner-déjeuner-dîner. Reliquat de l'ancien usage : le « déjeuner à la fourchette », qui désigna au XIXᵉ siècle une collation composée de viande ou de mets solides servie en milieu de matinée. « De bonne heure il prend son café ; à onze heures, son *déjeuner à la fourchette* » ; écrit lady Malcolm au sujet de Napoléon à Sainte-Hélène. C'est le second déjeuner, le déjeuner dînatoire. Les Russes parlent simplement de *fourchet* ; un terme très à la mode aujourd'hui pour désigner les cocktails et buffets où l'on se sustente debout, sans fourchette ni couteau. Un Français aurait dit, il y a peu encore, que ces distingués convives mangeaient avec la fourchette du père Adam (les doigts).

FRANK (amharique) : *monnaie métallique, argent, de « franc »* – Notre franc n'est plus qu'un souvenir depuis le 1ᵉʳ janvier 2000, mais il vit encore loin de la France : dans l'ancienne Abyssinie. La construction du chemin de fer (voir *babour*) au tournant du XXᵉ siècle en fournit l'explication. Le *frank* fut d'abord la devise française qui rémunérait les ouvriers dans le territoire djiboutien. Puis le sens du mot « dérailla » légèrement ; la faute au « thaler » qui circulait en Éthiopie sans monnaies divisionnaires. La langue comme la nature ayant horreur du vide,

VILLAGE PLANÉTAIRE

Think local, act global, recommandent les Anglo-Saxons. C'est exactement ce qu'ont fait Astérix et son compère Obélix depuis leur village d'Armorique. Le résultat ? Des aventures vendues à 330 millions d'exemplaires et des traductions dans plus de cent langues ; la preuve qu'être français – et même gaulois – n'est pas un obstacle « à l'international ».

Certains personnages ont été rebaptisés parfois, mais c'était pour mieux respecter l'« esprix » :

Le chef du village, Abraracourcix, se nomme en allemand, en danois et en suédois « Majestix », en Grande-Bretagne « Vitalstatistix » et aux États-Unis « Macroeconomix ».

Son épouse, Bonemine, répond en Hollande au doux nom de « Bellefleur », et aux États-Unis, à celui de « Belladonna ».

Le druide, Panoramix, s'appelle en Allemagne, au Danemark et en Suède « Miraculix », aux États-Unis « Magigimix », en Hongrie « Aspirinix », et en Afrique du Sud (afrikaan) « Abrakadabrix ».

Le barde calamiteux, Assurancetourix, se nomme en danois et finnois « Trubadurix », en croate « Tamburix », en Estonie « Lyrix », aux États-Unis « Malacoustix », et en Turquie, « Kakofonix ».

Enfin, *last but not least*, le fidèle compagnon d'Obélix, Idéfix, devient en Grande-Bretagne et aux États-Unis « Dogmatix ».

le *frank* se mit alors à désigner la monnaie métallique. Aujourd'hui, en langage populaire, il signifie plus simplement l'argent. *Frank yelem !* (« Pas de sous ! ») dira un fauché ou un radin.

FROTTEE ; FROTTÉ (allemand ; polonais) : *tissu-éponge,* de « frotté » – *Frottee* parce que, pour s'essuyer, on se frotte *(sich frottieren)* et de préférence avec un tissu absorbant. *Erika trug einen Bademantel aus Frottee* (« Erika portait un peignoir en tissu-éponge »). Il est à noter que cette matière textile à travers ses variantes (bouclettes, velours, etc.) est d'un usage plus courant outre-Rhin que dans notre pays, appliqué notamment aux maillots de bain, peluches, pantoufles et accessoires divers.
☞ *Frotté* en danois désigne un essuie-mains.

FURSEC (roumain) : *variété de gâteaux,* de « petit four » et « gâteau sec » – Ce mot-valise d'emploi usuel rappelle qu'au XIXe siècle et entre les deux guerres, de nombreux pâtissiers français s'installèrent dans les grandes villes de Roumanie. Le *fursec* est glacé ou non, fourré d'une crème ou non, d'une conception très libre donc.
☞ *Petit beurre* est en Grèce une célèbre marque de biscuits ; de petits-beurre, précisément.

FUTRE (espagnol d'Am. du Sud) : *jeune élégant, m'as-tu-vu, frimeur,* de « s'en foutre » – Sans en conclure que l'œuvre de Spike Lee vaut celle de Sade, remarquons que « foutre ! » fut un peu, au XVIIIe siècle français, ce que *fuck !* est au XXe siècle américain : une interjection tellement banalisée qu'elle en perd son caractère d'injure. Dans toute l'Amérique du Sud, hormis le Brésil, le *futre* est un jeune snob, un « jean-foutre » qui a son avis sur tout et ne songe qu'à plaire. *Futre pelado, bolsillo planchado* (« "Futre" tondu, bourse plate »), lui lance-t-on pour lui rabattre son caquet.

☞ Le *gagà* italien (de « gaga »), le *gigolo* iranien, le *galant* polonais, le *fifí* mexicain (de « fifille ») et le *pijonn* russe (de « pigeon ») ont un sens similaire.

G

GÀMÊN ; GAMEN ; GAMÍN, GAMIN, GAMINE
(croate ; bulgare ; esp. de Colombie ; anglais) :
de « gamin » – Mais que sont-ils devenus, ces
gamins qui jouaient en bande sur le trottoir parisien ? Séparés, puis dispersés aux quatre coins de
l'Europe, ils ont connu des sorts bien différents.
Le *gàmên* croate a gardé la fraîcheur de son âge ;
c'est un enfant espiègle, polisson (voir ce mot),
loin en tout cas du *gamen* bulgare qui, lui, a
basculé dans la violence et se comporte en
voyou, en vandale. Le *gamin* anglais, de son
côté, pas plus que sa sœur d'infortune, la *gamine*,
n'ont quitté la rue. Malgré leur jeune âge, ils
errent, abandonnés et sans logis, comme dans un
roman de Dickens. Loin de tout univers roma-
nesque, c'est le cas également du *gamín* colom-
bien livré aujourd'hui à la drogue et à la
prostitution. Un sociologue français venu étudier
les enfants de rue à Bogotá au XIXᵉ siècle a assuré
la fortune du mot, engendrant ce néologisme, le
gaminismo (phénomène des enfants de rue), et
l'expression *hacer la gaminata* (recevoir l'éducation de rue).

☞ La *gamine* anglaise est plus communément
de nos jours une fille ou une femme effrontée,
voire dénuée de scrupules.

GARÇON, GARÇONETE, GARZON, GARSONA, GAR-ZONKA, GARSONIÉRA, GARSONKA (portugais du Brésil, hongrois, grec, polonais, macédonien, roumain, polonais...) : de « garçon » ou « garçonne » ou « garçonnière » – Un *garçon* ne saurait être au Brésil qu'un garçon de café. Plus surprenant, la *garçonete*, son homologue du beau sexe, à rapprocher de la *garsona* qui officie dans le même décor mais sous des cieux plus olympiens. Le *garzon* hongrois et le *garzónka* slovaque s'inspirent, eux, de la « vie de garçon » et du type de logement qui souvent lui est associé : le studio. Ce studio, les célibataires roumains et polonais l'appellent plus volontiers *garsoniera*, et les Autrichiens *Garconniere*, du nom tous deux de cette institution française objet de tant de fantasmes : la garçonnière. Les Italiens, pratiquants assidus des amours illégitimes, ont emprunté deux mots à la France pour désigner ces petits meublés discrets : la *garçonnière*, sans surprise, et le *pied-à-terre*. Quant à la *garsoniéra* macédonienne, loin d'être ce nid d'amour exigu dans lequel le lit, à lui seul, occupe les deux tiers de l'espace, c'est le nom donné dans un grand hôtel à une suite. Signalons enfin que le *garsonka* polonais, venu tout droit de « garçonne », n'appartient pas au monde des débits de boisson ni à celui de l'immobilier, mais à la garde-robe féminine. C'est en effet un tailleur d'été (le tailleur d'hiver se disant *kostium*).

GARDEROB (bulgare) : de « garde-robe » – Le *garderob* bulgare se croise en diverses occasions. Dans une chambre d'abord où il tient lieu, comme en France, d'armoire ou de penderie, au théâtre ensuite où il s'agit du vestiaire, puis, plus curieusement, dans une gare où c'est le nom de la consigne. Enfin, on le rencontre à l'entrée d'une banque, d'une discothèque ou d'un bar à la mode. C'est ce type costaud et large d'épaules qu'on appelle communément en France un gorille ou une armoire à glace.

☞ La *garderobiana* et la *Garderobiere* sont respectivement en Pologne et en Allemagne des habilleuses de théâtre. *Garderobe*, en allemand, peut avoir le sens aussi de portemanteau.

GENTIL ; LASH (suédois ; persan) : *élégant, superbe,* de « gentil » ; *vulgaire,* de « lâche » – Étonnant comme les épithètes « gentil » et « brave » se sont dévaluées dans notre pays, au point de signifier naïf, stupide, puéril. Faut-il en déduire que les qualités auxquelles elles renvoyaient il y a peu, la noblesse, l'élégance, la générosité pour l'un, le courage, l'honnêteté, la bonté pour l'autre, ont déserté notre paysage moral ? On notera toutefois que le mot *gentil* s'est maintenu chez nos amis suédois au sens de beau, de noble, sur les plans physique et moral. *Det var gentilt av honom !* (« C'était généreux de sa part ! »), dira-t-on de l'auteur d'un beau geste. Autre « qualité », pas en perdition celle-là, dont le persan se fait le témoin : la vulgarité. Chose amusante, vulgaire, dans cette langue, se dit *lash*. Amusante mais pas surprenante, car aussi vrai que noblesse et courage vont souvent de pair, lâcheté et vulgarité font fréquemment la paire. ☞ *Courag* en russe signifie fanfaronnade et *couragitsa*, vaniteux, mauvais, mesquin.

GEST, POZ (persan) : de « geste » et « pose » – En dépit de la chape religieuse et de l'influence culturelle américaine sur les nouvelles générations (télévision satellite, Internet), il est encore courant, et de bon ton, en Iran d'émailler sa conversation de mots français ; des mots plus ou moins déformés ou détournés de leur sens. *Gest* et *poz* sont de ceux-là, qu'on retrouve notamment dans les expressions *gest gereftan* (« prendre la pose ») et *poz dâdan* (« se la jouer »).

GOBELIN, GOBELEN, GOBLEN, GOBELÄNG, GUBLAN (allemand, tchèque, hongrois, italien, turc, néerlandais, russe, slovène, suédois, persan...) : *tapisserie ; tissu de décoration ; canevas* – Il y eut les tapisseries d'Arras, de Beauvais ou d'Aubusson, mais la plus illustre demeure celle des Gobelins. Installée dès le milieu du XVe siècle dans le faubourg Saint-Marcel, cette famille d'artisans devient sous la houlette de Charles Le Brun, premier peintre de Louis XIV, le fournisseur principal des résidences royales. La manufacture compte bientôt plus de 800 peintres et tapissiers et l'Europe entière s'émerveille de sa production. On s'inspire de son savoir-faire, on copie son style, on débauche ses artisans... On emprunte son nom aussi. C'est ainsi qu'aujourd'hui, en Allemagne, en Slovénie, en Hongrie ou en République tchèque, *Gobelin* a le sens de tapisserie, comme *gobeläng* en Suède, *gobelen* en Russie ou *goblen* en Turquie. En Italie, où tapisserie se dit *arazzo* (voir cc mot), *gobelin* se dit surtout de tissus imitant la tapisserie ; comme du reste aux Pays-Bas. On parlera ainsi d'*un divano rivestito di gobelin* (un divan revêtu de tissu façon « gobelin »). Mais il y a des pays où le mot a pris plus de liberté encore. C'est le cas de l'Autriche, de l'ex-Yougoslavie et de l'Iran. *Gobelin*, *goblen* et *gublan* y désignent en effet cette variante de la tapisserie qu'on appelle le canevas ; l'Iran où, curieusement, le mot *kaneva* (d'origine française lui aussi) signifie « pelote de laine »...

GOURMAND, GOURMET (anglais, allemand, danois, néerlandais...) : – Les mots français de « gourmand » et « gourmet », en dépit d'une apparence et surtout d'une signification voisines, ne partagent pas la même étymologie. Le « gourmet », autrefois « gromet », était le valet chargé de goûter les plats, et surtout les vins de ses maîtres. Puis, ayant gagné en prestige, il devint cet esthète qui apprécie le raffinement dans le boire et le manger. « Gourmand », lui, a une origine beaucoup plus floue. On sait seulement qu'il fut jadis synonyme de gros mangeur, de goinfre, sens qu'il n'a plus de nos jours. « Gourmet » est aujourd'hui l'un des mots français les plus emblématiques de la cuisine française à l'étranger. Son sens y varie peu selon les pays. Notons simplement qu'en terre teutonne et anglophone, *gourmet* signifie plus un expert en gastronomie qu'un simple convive, aussi raffiné soit-il. D'un critique gastronomique, on dira facilement par exemple qu'il est un *gourmet*. Au Japon, *gurume* a envahi la rhétorique culinaire. On le voit mis à toutes les sauces, à la télévision, dans les magazines, les restaurants, pour relever l'image d'un plat ou d'une marque. C'est en quelque sorte un condiment sémantique.

Avec le mot *gourmand*, les différences sont plus sensibles ; la faute au français qui a perdu sa signification d'origine. Le mot renvoie ainsi en allemand, danois ou, en partie, en anglais, à l'image peu flatteuse du glouton, du goinfre. Le *gurman* slovène, pourtant sous influence culturelle allemande, a quant à lui le sens para-doxal de « gourmet », comme ses homographes serbes et croates.

Signalons enfin aux Pays-Bas le verbe *gourmet-ten*, une tradition culinaire qu'affectionnent les Hollandais. Le principe en est simple : chaque convive, muni d'une petite poêle de 10 cm de diamètre, fait frire lui-même ses ingrédients (viande, poisson, œufs, légumes...) sur une plaque chauffante placée au centre de la table. Ces repas, proches de la fondue, sont particulièrement appréciés à Noël, dans les fêtes familiales, lors de sorties amicales ou

PRIX FIXE

Will you order à la carte or on the prix fixe meal ?, telle est la question rituelle dans un restaurant de qualité, outre-Atlantique. *Prix fixe* fait référence au menu français entendu comme repas à « prix fixe » et à nombre de plats restreint. Celui figurant sur cette page est un panaché fantaisiste de spécialités étrangères.

ENTRÉE

FOIE GRAS : en espagnol, n'importe quel type de pâté, qu'il soit de porc ou de volaille.

FLAN : en italien, désigne une crème caramel et tout plat salé où les ingrédients sont figés par du blanc d'œuf : *flan di funghi, flan di patate, flan di polenta e verdure…*

PLAT

DIJON PATE : en anglais, ce plat cuit au four fait de viande de veau hachée, de lait, de mie de pain, d'oignons, d'ail et d'œufs, servi en général nappé d'un coulis de tomates et qu'on appelle en France le pain de veau.

PAILLARD : en italien, non pas une grivoiserie vulgaire mais une fine tranche de veau grillée ; du nom d'un ancien restaurateur parisien.

DESSERT

GLACE AU FOUR : en suédois, l'omelette norvégienne, ce dessert composé de glace, de meringue et de génoise, chaud à l'extérieur et glacé dedans.

CHIFFON CAKE : en anglo-américain, la meringue ; la tarte au citron meringuée s'appelant *lemon chiffon pie*.

PAVE : en portugais du Brésil, le nom d'un dessert glacé constitué de biscuits et d'une sorte de crème.

BISCUIT : en italien, crème glacée de type sabayon dans lequel il n'y a aucun biscuit.

---

professionnelles... c'est-à-dire très souvent, en fait.

☞ En anglais existe aussi le mot *gastronome*, altéré parfois en *gastronomer* voire *gastronomist*...

GOUVERNANTE (allemand, péjor.) : *vieille maîtresse d'école* – Une femme aux allures de vieille fille qui fait la leçon à tout le monde sera qualifiée outre-Rhin de *Gouvernante*. *Seine Tochter ist eine richtige Gouvernante geworden*. (« Sa fille est devenue le type même de la vieille institutrice. ») Le *Gouvernante-Roman*, quant à lui, renverra au Danemark à un roman pour jeune fille.

GRANDE NATION (allemand, péjor. et iron.) : *la France* – Cette expression née pendant le Directoire mais popularisée sous l'Empire rappelle le prestige qui entourait la France à cette époque et l'admiration que suscitaient,

LITTLE IS BEAUTIFUL

Les Français rêvent de grandeur et vivent de petitesse, aurait pu dire le général de Gaulle. Train à grande vitesse, Très Grande Bibliothèque, Grande Arche, Grand Louvre... on ne compte plus les réalisations grandioses de nos monarques-présidents. Derrière la *Grande Nation* (voir ce mot) et les grandes idées affichées par nos compatriotes, se dissimule en réalité un goût plus privé pour le modèle réduit : petite femme, petite famille, petite maison, petites vacances, petits plaisirs... Curieux comme l'adjectif « petit » est récurrent dans les conversations quotidiennes. Faut-il s'étonner alors si c'est en français dans le texte que Marx fixa le concept de *petit bourgeois* ?

Outre *petimetre*, *petimäter*, et *petite marmite* (voir ces mots), « petit » a fait plusieurs petits à l'étranger :

Petit : les anglophones l'écrivent souvent *petty* et lui donnent le sens de mesquin, insignifiant. Ils le déclinent en *petit pain*, *petit suisse*, *petit chevaux* (jeu d'argent), *petit verre* (verre de liqueur), *petit four*, *petit mal* (forme d'épilepsie) et donc, *petit bourgeois*.

Petite : chez les Anglo-Saxons toujours, *petite* désigne une (petite) taille dans l'habillement féminin. Parlant des femmes elle-mêmes, le terme ne saurait désigner une petite grosse. Non que celles-ci soient rares chez les locutrices d'anglais, mais parce qu'une *petite* (prononcer à la française) est nécessairement menue, svelte, délicate.

Petit point : à côté de tant d'autres institutions viennoises – la valse, les cafés, Sissi, le *Schanigarten* (voir ce mot), les viennoiseries... –, existe dans la capitale autrichienne un produit d'artisanat remarquable qu'on appelle le *petit-point*. Il s'agit d'une tapisserie miniature présentée sous la forme de petits tableaux et surtout de sacs de soirée luxueux.

Petifurki : le petit-four français présente cette particularité avantageuse, dans un cocktail, de pouvoir être avalé d'une seule bouchée. Entreprise hasardeuse avec le *petifurki* bulgare, un gâteau gros comme une pomme.

Petitero : c'est un habitué du *Petit café*, un célèbre établissement de Buenos Aires. C'est également le nom donné aux jeunes élégants et m'as-tu-vu.

Petit hôtel : dans la capitale argentine encore, « petit hôtel » désigne ces hôtels particuliers que se fit construire la bourgeoisie au début du XXe siècle.

Petitess : ce mot n'évoque pas en Suède, comme dans l'Hexagone, une taille réduite ni la difficilement remédiable étroitesse d'esprit, mais une simple broutille, une bagatelle. *Men det är petitesser !* (« Mais ce sont des broutilles ! »)

chez nos voisins, nos actions héroïques ; sentiments rapidement écornés par l'arrogance française et notre désir d'hégémonie. Vint la défaite de 1871, celle, à plate couture, de 1940, et deux victoires obtenues grâce au soutien des Russes et des Américains. Ajoutons à cela l'élitisme et le nombrilisme dont notre pays ne s'est jamais départi depuis lors, et on comprendra mieux que la *Grande Nation* fasse plutôt sourire outre-Rhin.

GUILLOTINE ; GILOTYNA **(anglais brit. ; polonais) :** *massicot ; ciseau à cigares ; procédure parlementaire* – On l'ignore souvent, le Dr Guillotin (1738-1814) n'est pas l'inventeur de la guillotine mais le député qui proposa son adoption. Son véritable créateur fut Antoine Louis (1723-1792), un membre de l'Académie de chirurgie, lequel fut aidé dans sa tâche par un facteur de pianos allemand, Tobias Schmidt. Le « Rasoir national », comme on l'appelait alors, remplit parfaitement son office et marqua les esprits très au-delà de nos frontières. C'est ainsi qu'aujourd'hui en Pologne, *gilotyna* désigne le massicot (d'imprimerie) et le ciseau à cigares, et que le verbe *gilotynowac* (« guillotiner ») s'emploie avec recherche pour mettre un terme à une conversation. Chez les Britanniques, *guillotine* est un massicot également, en plus d'un instrument chirurgical. C'est aussi, et très officiellement, une procédure parlementaire consistant à fixer des délais stricts pour l'examen de chaque

partie d'un projet de loi. *To guillotine a debate*
signifie ainsi limiter la durée d'un débat.

☞ *Madame Guillotine* est le surnom donné à la
« Veuve » par les Allemands et les anglophones.

H

HASARDEUR ; HAZARD ; AZART (allemand ; polonais, anglais ; russe) : de « hasard » – Venu tout droit des jeux de hasard, le *Hasardeur* est un irresponsable, une tête brûlée, une personne pour qui tout n'est que jeu, justement. *In diesem Beruf ist kein Platz für Hasardeure !* (« Dans ce travail, il n'y a pas de place pour les têtes brûlées ! ») Le *« hazard »* polonais, lui, est un jeu dans lequel on risque de perdre beaucoup, ou bien une action risquée. Pas très loin de l'anglais qui met davantage l'accent sur le danger, la menace : *a life full of hazards* (« une vie pleine de périls ») ou *at all hazards* (non pas « à tout hasard », mais « quels que soient les risques »). Quant au *azart*, il désigne chez les Russes une passion non amoureuse, pour le jeu, la politique, les échecs... Dans cette langue, on est donc passé, par métonymie, de la notion de hasard dans le jeu à la passion qui lui est souvent associée. Le sens s'est étendu ensuite à toutes les formes de passion, sauf celle de l'amour ; lequel a partie liée, pourtant, avec le hasard.

☞ Le *hazard* désigne dans le jargon du golf un obstacle naturel (étang, fosse de sable, broussaille, ruisseau...).

HAUTGOÛT (allemand) : *goût de faisandé* – Le haut goût désignait, et désigne encore parfois, un mets à la saveur très prononcée, ou à l'assaisonnement très riche. C'était le cas du gibier surtout, à une époque où le réfrigérateur n'existait pas. On laissait alors mariner la viande pour l'attendrir et les nombreuses épices servaient à atténuer le goût et le fumet d'un gibier en voie de décomposition... *Das Wild hat Hautgoût angenommen* (« Le gibier s'est faisandé »), dit-on aujourd'hui en allemand. C'est également, au figuré, le qualificatif qui sied à une personne louche, à la réputation douteuse.

☞ Douteux, un *personage* l'est aussi en Suède et au Danemark.

HOMME MOYEN SENSUEL (anglais) : *l'homme de la rue, l'individu lambda* – Cette expression étonnante (sensuel et anglais ne riment pas forcément), et qui n'a jamais eu cours en France, est évoquée pour qualifier le caractère non élitaire, non intellectuel d'une personne. Lors de ce qui fut baptisé l'affaire Clinton-Lewinsky, elle a connu dans les médias anglophones une seconde jeunesse. C'était en quelque sorte l'axe de défense de l'ancien Président des États-Unis à savoir qu'en dépit de ses hautes fonctions, celui-ci restait un homme comme les autres. Argument finalement habile dans un pays où paraître ordinaire, voire stupide, est devenu un atout en politique. Son successeur en sait quelque chose.

☞ Outre le sens de cigarette, le mot *sigar* en persan signifie vulgairement « coucher avec une femme ».

C'EST LA VIE

Un Espagnol et un Français regardent une fille en jupe faire du roller. Soudain la fille tombe et s'affale dans une position indécente.

Le Français dit : « C'est la vie ! »

L'Espagnol, indigné, lui rétorque : « *¡ Yo también se la vi, pero no dije nada !* » (« Moi aussi, je l'ai vue, mais je n'ai rien dit ! »)

HORLOGE (néerlandais) : *montre* – Au XVIIIe siècle et à l'aube du XIXe, plus que d'autres pays européens, la Hollande vécut à l'heure française ; jusqu'à risquer de disparaître. Il fallait vivre à la française, s'habiller à la française, penser à la française, et surtout ignorer ce « patois » qu'était, pour Napoléon, le néerlandais. La réaction fut vive et la défrancisation à la mesure de l'acculturation qui l'avait précédée. Les Hollandais sont restés cependant très francophiles, et leur lexique en porte témoignage. Avec le mot *horloge* par exemple. Cette formulation, qui n'est nullement le fruit d'une sympathique extravagance, renvoie en réalité à l'ancienne définition du mot dans notre langue : « tout appareil destiné à indiquer l'heure, à marquer les

heures », définition à laquelle répond assuré-
ment la montre. Contre toute attente, la question devient alors : mais pourquoi ce nom en
français ? La réponse tient en quatre temps. Au
milieu du XVe siècle, le cadran d'horloge est
appelé « monstre d'oreloge » (de l'ancien français « monstrer » pour montrer), puis au début
du XVIe, le « monstre d'orloge » prend le sens de
montre portative ; après quoi, quelques décennies
plus tard, on ne parle plus que de « monstre », et
en 1740 précisément (nous n'avons pas l'heure
exacte), de « montre ».

☞ *Couranty*, en russe, et *kourant*, en polonais,
désignent un carillon, une horloge musicale,
parce que les aiguilles « courent » sur le cadran.

I

INTERIEUR, EXTERIEUR (allemand) : – Deux concepts aux dénominations inattendues : *Interieur* et *Exterieur*. Le premier désigne les caractéristiques psychiques d'un animal ; le second ses caractéristiques physiques. Concernant un cheval, par exemple, *Interieur* renverra à son caractère, sa personnalité, son comportement, tandis qu'*Exterieur* s'attardera sur sa corpulence, sa couleur ou ses signes particuliers.

☞ Le *palfrenier* est aux Pays-Bas un écuyer.

J

J'ACCUSE (italien, anglais) : *dénonciation publique d'une injustice,* de « J'Accuse » d'Émile Zola – « C'est immense, cette chose là ! ». Ce sont les mots de Clemenceau à la lecture du très long article d'Émile Zola. En réserve de la politique depuis le scandale de Panama, et chroniqueur régulier à *L'Aurore,* « le tombeur de ministères » hésite un instant. Dans ce pamphlet virulent à l'adresse du président de la République, le célèbre écrivain dénonce en effet les manigances entourant le procès du capitaine Dreyfus, accusé à tort d'espionnage, et l'acquittement du vrai coupable, Esterhazy. Puis il met tout son poids dans la balance et la publication est décidée. Reste à trouver un titre : « Mais Zola l'indique lui-même, le titre, rugit le Tigre, il ne peut y en avoir qu'un : "J'accuse" ! » Le coup de génie de Clemenceau consiste à extraire du texte le mot le plus symbolique et à le placer en exergue dans une manchette aux caractères énormes. Le quotidien paraît le 13 janvier 1898, avec un retentissement énorme. La France se déchire en deux, les « intellectuels » (encore une trouvaille de Clemenceau) se mobilisent, le monde entier se passionne pour « l'Affaire ». Le résultat en est la révision du procès, la libération de Dreyfus ainsi que sa réhabilitation. Avec cette conséquence paradoxale : la montée de l'antisémitisme dans toute l'Europe... En italien et en anglais, le substantif *j'accuse* est bien plus courant qu'en français. On l'emploie au sujet d'un livre, d'un film, d'une chanson. *[...] il feroce j'accuse contro la cultura delle armi da fuoco negli States.* (« la féroce dénonciation contre la culture des armes à feu aux États-Unis »), a-t-on pu lire par exemple dans *La Repubblica* au sujet de *Bowling for Columbine*, le film de Michael Moore.

JACOBIN (anglais) : *extrémiste de gauche* – Les Jacobins, on l'oublie parfois, ont été d'abord des moines dominicains ; un ordre religieux à la règle stricte et à la morale intransigeante. Ainsi furent également, par une étrange coïncidence, les hommes de 1790 qui vinrent siéger entre leurs murs. Plus de deux siècles après, reste le souvenir d'un radicalisme politique sans lequel la Révolution eût sans doute fait long feu. Reste aussi dans le lexique anglais, le mot *Jacobin* comme synonyme peu flatteur de gauchiste ou d'extrémiste violent.

JALOUSIE ; JALOUSETTE (allemand) : *store, jalousie ; store vénitien* – Le roman d'Alain Robbe-Grillet n'aura représenté pour elle qu'un sursis : la jalousie est aujourd'hui un mot vieilli dans notre langue. Cette structure ajourée composée de lames verticales qui protège du soleil et de la pluie et qui, accessoirement, permet de voir

QUIPROQUO PRINCIER

« *Que c'est triste les cours quand on n'y a pas été élevée* », avouait Désirée Clary à Talleyrand. Car elle s'ennuyait, la nouvelle reine de Suède, l'ancienne petite amie de Bonaparte, exilée si loin de son Midi natal.

Elle mit treize ans à rejoindre son trône et sa première visite officielle fut pour la Scanie. Les paysans l'accueillirent aux cris de « Vive la reine ! ». C'est du moins ce qu'elle crut entendre et, touchée, elle confia sa joie à son chambellan. Le brave homme n'osa lui avouer que les paysans lui criaient en fait : « *Vi vill ha regn !* » (« Nous voulons la pluie ! »)

sans être vu, se nomme plus simplement aujourd'hui persienne. En Allemagne et en Russie (*Jalousie, jaluzi*), elle fait de la résistance cependant. Outre-Rhin, elle a même accouché d'une variante, *Jalousette*, au sens de store à lamelles ou store vénitien.

JEAN CHÉRI (anglo-américain) : *surnom de John Kerry*. – Pour disqualifier John Kerry aux yeux de millions d'Américains, rien de plus efficace que de rappeler ses liens avec la France. C'est ce que firent avec « délicatesse » George W. Bush et nombre de journalistes ou lieutenants acquis à sa cause lors des dernières Présidentielles. Et pour que le message fût plus clair encore, on joignit souvent le geste (efféminé) à la parole.

JEUNE PREMIER ; JEUNPREMIÉ ou JEUN (grec ; turc) : *très beau, séducteur, homme en vue* – Sur scène comme dans la vie, mieux vaut être un jeune premier qu'un vieux dernier. C'est encore plus vrai en Grèce et en Turquie où, en plus du sens qu'on lui connaît en France, le mot s'applique à un homme très beau, séduisant, voire séducteur. En turc, il désigne une personnalité emblématique, charismatique, qui se montre sur le devant de la scène, dans une organisation ou une négociation par exemple. Il va sans dire alors que jeune, le *jeun* ne l'est plus nécessairement.

☞ En polonais, « jeune premier » se dit *Amant*.

JOUR FIXE ; JOUR (allemand ; slovène, croate) : *rendez-vous à date fixe, jour réservé, jour événement ; fête* – Est-ce là le secret de la fameuse organisation allemande ? Il faut admettre en tout cas que cette notion nous est assez étrangère. Le principe en est simple pourtant : fixer, dans le cadre d'une activité particulière, un moment de la semaine ou du mois, par exemple, où les membres d'un groupe se retrouvent périodiquement. *Der Jour Fixe findet am jeweils ersten Montag des Monats statt ab 11.00 Uhr.* (« Le "jour réservé" se tient le premier lundi de chaque mois à partir de 11 h. ») – L'expression s'applique souvent de nos jours à la sphère artistico-culturelle et provient de l'habitude ancienne – en Allemagne comme en France – de tenir salon. Le *Jour Fixe* était alors le jour où l'on recevait, dans la bonne société, un rendez-vous attendu, et plutôt festif ; d'où le sens pris par le mot *jour* en Slovénie et en Croatie, deux pays sous influence culturelle allemande.

JOURGEPÄCK (all. d'Autriche) : *pain miniature, petit pain,* **de « jour »** – Littéralement « cuit du jour », le *Jourgepäck* doit être mangé rapidement pour éviter qu'il ne rassisse.

JOURNAILLE (allemand) : *presse de caniveau,* **de « journal »** – Rimant joliment avec canaille ou racaille, ce nom qualifie les journaux qui n'ont d'autre exigence que de fournir à leurs lecteurs leur ration quotidienne de bêtise et de vulgarité. Les Allemands ont *Bild*, les Anglais, surtout, ont leurs nombreux tabloïds.

☞ Un *avis* est en norvégien et en danois un journal. Dans cette dernière langue, un *journal* est le dossier d'un malade, tandis qu'en russe, il désigne un magazine, une revue, et en slovène, un hebdomadaire gratuit.

K

KABARETT ; KABARETKI ; CABARETIER ; CABA-RET (allemand ; polonais ; néerlandais ; italien) : de « cabaret » – Institution éminemment parisienne, le cabaret s'est exporté lexicalement aux quatre coins du monde ; avec dans certains pays quelques acceptions particulières. Citons le *Kabarett* allemand, un plateau alimentaire muni de compartiments (pour la charcuterie, la salade, les sauces...) et dont le caractère pivotant évoque la succession de numéros sur scène. Remarquons également le *kabaretki* polonais, au sens de bas résille, un accessoire qu'affectionnaient les danseuses, et sans doute pas moins les clients attablés. Une déclinaison originale est ensuite aux Pays-Bas le *cabaretier*, un comique seul en scène. Signalons enfin en Italie du Nord le *cabaret* entendu comme un service à liqueurs. Le mot avait ce sens dans notre langue jusqu'au XIXe siècle.

KAGOR (russe) : *type de vin de liqueur,* de « Cahors » – Clément Marot, enfant du Quercy, vantait déjà en son temps cette « liqueur forte et savoureuse », le vin de Cahors. Également sous le charme, des négociants russes l'introduisirent au XVIIIe siècle dans leur vaste empire pour en fournir princes et popes. Pendant plusieurs siècles, ce nectar, boisson préférée de Pierre le Grand, va ainsi devenir le vin de messe de l'Église orthodoxe. Puis les Russes décident de développer leur viticulture. À partir de cépages français, ils produisent en Crimée leur propre « Cahors », une boisson en réalité fort différente de l'original. D'une robe rouge-noir, titrant environ 18 % de sucre et 16 % d'alcool, il devient un vin d'apéritif ou de dessert. Après l'interdiction par Staline de toute importation de vin, celui qu'on n'appelle plus désormais que le *kagor* va connaître en Russie, en raison de ses qualités mais aussi de son prix bas, une très grande popularité.

☞ Le *vin brûlé* est en Italie le vin chaud.

KALECHE (danois) : *capote, voiture décapotable,* de « calèche » - Au tournant du XXe siècle, le moteur remplaça le cheval, l'essence se substitua au foin, et la voiture devint automobile. Ce changement brutal dans les habitudes de l'époque connut une transition plus douce sur le plan lexical. Pourquoi chercher plus loin ? On baptisa les nouveaux véhicules du nom des anciens. Et comme les pionniers de cette prometteuse industrie étaient souvent français (Peugeot, Renault, Panhard, Levassor...), l'emprunt à notre langue se fit naturellement, d'où le *cabriolet* (voir *cab*), le *coupé* (voir ce mot), ou la *limousine*. C'est le cas également de *kaleche*. La calèche était autrefois cette voiture à cheval découverte et à quatre roues munie à l'arrière d'une capote à soufflet et d'un siège surélevé à l'avant. C'est aujourd'hui au Danemark une capote pour les bateaux, les poussettes, les voitures… et par extension, un voiture décapotable.

☞ Le *tablier* est au Portugal un tableau de bord, avec pour origine, dans le lexique français, le tablier, panneau de tôle séparant l'habitacle du compartiment moteur.

KANIKOULI (russe) : *congés scolaires,* de « canicule » – La chose étonnante est qu'il ne s'agit pas seulement des congés d'été. On parlera ainsi de *kanikouli* pour les vacances de Noël à Novosibirsk, où les températures avoisinent les −50°C.

KARAPUZ (russe, fam.) : *enfant,* de « crapoussin » – « Ces crapoussins-là, quand ça vient au monde, ça ne se doute guère du mal que ça fait. » écrit Émile Zola en 1877 dans *L'Assommoir.* Le crapoussin, fruit des amours lexicales d'un crapaud et d'un poussin, désigne à l'époque un gosse, un bambin. L'expression n'a plus cours dans notre langue mais elle a conservé son sens en Russie. Comme les aliments, les mots se conservent-ils mieux par basses températures ?

KARUSELL ; KARUSSELL ; KARUSSEL ; CARRUSEL ; CAROUSEL ; MANEJ (suédois ; allemand ; russe ; esp. d'Argentine ; anglo-américain ; russe) : *manège forain,* de « carrousel » – *parc*

pour enfants, de « manège » – Le « carrousel »,
cette parade où des cavaliers divisés en
quadrilles se livrent à des exercices difficiles et
gracieux, a pris en Suède, en Argentine, en
Allemagne, en Russie et aux États-Unis un sens
moins prestigieux. Dans ces cinq pays (comme
en Belgique et dans le nord de la France), c'est
en effet un manège pour enfants, un manège, il
y a peu encore, uniquement constitué de petits
chevaux de bois. Le *manej,* lui, quand il ne
renvoie pas au dressage des vrais chevaux ni au
célèbre monument moscovite, désigne en russe
un parc pour les enfants en bas âge.

☞ Loin de l'univers enfantin, *karussel* a en russe
le sens argotique d'« ébriété » et aussi de « sexe
pratiqué en groupe ».

Kʌsᴛᴇᴛ (russe) : *matraque,* de « casse-tête » –
Le « casse-tête » était en France au XVIIᵉ siècle
un vin fort, un vin qui « cassait la tête » ; un peu
comme les (mauvais) rosés d'aujourd'hui. Un
siècle plus tard, par analogie, il est devenu
un court bâton plombé, autrement dit une
matraque ; sens qui s'est perpétué en russe.

☞ La matraque suédoise est un *batong* et son
équivalent anglais un *baton : The police made a
baton charge* (« La police chargea. »)

Kᴏᴋᴇʟɪᴄᴏ ; ᴋᴏᴋᴋᴏ (norvégien) : *rouge de
colère ; très stupide,* de « coquelicot » – Cette
fleur bien connue dans nos campagnes s'est

PRÉNOM : CHANEL

On se souvient de la controverse, il y a quelques années, autour de la jeune Mégane Renault. Aux États-Unis, elle serait inopportune. Aucune législation n'y régit en effet l'attribution des prénoms ; les seules limites étant l'imagination des parents. C'est ainsi qu'à côté des « Armani » ou « Lexus », on compte à ce jour 269 fillettes américaines se prénommant « Chanel ».

Hommage à la France ? Rien n'est moins sûr. Les parents ignorent souvent qu'il s'agit d'une marque française.

Dans le domaine des senteurs en flacons, signalons un autre jeu de mot translinguistique. D'une femme trop coquette, on dira en Allemagne qu'elle utilise le parfum « *Bleu de Coup* », à la consonance très parisienne mais qui a le sens, dans la langue de Goethe, de vache idiote (*blöde Kuh*). L'occasion de rappeler que la célèbre Vache qui rit, conçue par Benjamin Rabier, s'inspire phonétiquement de « Walkyrie ».

appelée d'abord le ponceau. Puis, eu égard à sa belle couleur rouge qui rappelait la crête du coq, on l'a rebaptisée « coquelicot », de « cocorico ». Après quoi les Norvégiens se sont intéressés à elle, à travers deux cas de figure au moins. Le premier : la colère. Tel qui devient rouge à Oslo, non en raison du froid mais de son humeur, est aussitôt qualifié de *kokelico* (*Han er helt kokelico.* « Il est rouge de colère. ») En France, la pivoine ferait tout aussi bien l'affaire. Puis il y a la stupidité. *Han er helt kokko*, dit-on d'un imbécile. Pourquoi cela ? Il y a seulement que, sous ses airs innocents, le coquelicot est un pavot sauvage, une opiacée, qui servait jadis à fabriquer l'opium. Constatant les effets de cette substance sur le cerveau humain (hébétude, abrutissement), les Norvégiens ont logiquement attribué à *kokko* le sens de stupide.

☞ Coco Chanel tient son surnom de notre emblème national. Se levant aux aurores comme lui, elle fut même appelée un temps Miss Cocorico.

KOTLET ; KOTLETA ; KOTELETTEN (polonais, persan ; russe ; allemand) : de « côtelette » – La *kotlet* polonaise est une escalope, et on parlera de *kotlet de volaille* pour une escalope de volaille roulée. Dans la région de Varsovie, le sens est différent puisque *kotlet* désigne une boulette de viande hachée, à l'imitation de la *kotleta* russe, faite de viande mais aussi de poisson ou de légumes. Plus au sud, en Iran, les *kotlet* sont un plat commun à de nombreuses cuisines méditerranéennes : des boulettes ou des galettes de viande revenues dans l'huile. Enfin, et ce n'est pas le moins surprenant, les *Koteletten* allemandes désignent les favoris, les pattes, appelées

encore, chez les rockers en cuir noir, roufla-
quettes (voir *pompadour*).

**KOUCH ; TAPI (russe ; grec) : *gros lot, jolie
somme*, de « couche » ; *sans argent, sans
ressources*, de « tapis »** – Le mot « couche » est
issu de l'univers des jeux de dés ou de cartes, tel
le lansquenet. En France, jusqu'au XVIIe siècle, il
signifia l'argent mis par les joueurs sur le tapis, la
mise ; l'idée étant que les enchères successives
formaient des « couches ». C'est ce sens qu'il a
gardé peu ou prou dans la langue russe, avec
notamment cette expression courante : *sorvat
kouch* (« rafler la mise », « décrocher le gros lot »).
De son côté, le *tapi* grec fait référence au tapis de
la table de jeu et à une formule française au sens
identique mais d'un emploi très rare : « être tapis ».

KOUCHE (amharique) : de « position couchée » –
Le mot fut introduit en Éthiopie par le capitaine
Robert Pinon, conseiller militaire de Ménélik II
(1844-1913). Lors du conflit opposant le Négus
au roi du Godjam voisin, Téklé Haimamot, ce
Français inspiré enseigna aux soldats les vertus
du tir en position couchée. Cette tactique
redoutable valut à Ménélik une victoire écla-
tante et à son conseiller, la gratitude éternelle de
l'Éthiopie. Aujourd'hui, le mot a gardé son sens
initial, mais on notera que *Kouché ale* signifie se
tapir, se cacher, et que *Kouché Bel*, à l'adresse du
meilleur ami de l'homme, est le pendant de
notre « coucouche panier ».

KOUPON, TEREN (bulgare) : *fête privée entre jeunes gens,* de « coupon » et « terrain » – Chez les peuples de l'Est vivant sous le joug soviétique, on ne connaissait naguère que privations, files d'attente et « coupons » d'alimentation. La distribution de ces coupons, toutes et tous bien sûr l'attendaient avec impatience, et lorsqu'elle survenait, c'était la joie dans les foyers ; c'était la fête. D'où le sens particulier pris en Bulgarie par le mot *koupon.*

Le *teren,* de création plus récente, rappelle qu'avant les invités, la musique et les boissons, une fête, pour se tenir, a besoin d'un endroit, un « terrain ».

KUJON (allemand, hongrois, danois, norvégien, polonais) : de « couillon » – Il y a couillon et couillon. Il y a d'abord le *Kujon* allemand, celui qui couillonne, pas celui, comme en France, qui est couillonné ; c'est la canaille, le coquin. Puis il y a le *kujon* hongrois, le coureur de jupons, le chaud lapin, celui qui n'oublie pas de quels attributs l'a doté la nature. Il y a ensuite le *kujon* danois et le *kujon* norvégien ; ces deux-là font la paire, si l'on peut dire, lorsqu'il s'agit de fuir le danger, car ils ne sont pas très courageux. Enfin, il y a le *kujon* polonais ; un vrai couillon, celui-là. C'est en effet le bachoteur, celui qui ne travaille qu'en vue des examens.

Kulisse (allemand) : *décor,* de « coulisse » – La « coulisse », au théâtre, était à l'origine un châssis mobile situé sur les côtés d'une scène qui portait les décors. Aujourd'hui, le mot désigne exclusivement cette partie du théâtre, sur les côtés et à l'arrière d'une scène, qui est cachée au public par ces mêmes décors. C'est vrai en France tout au moins car chez nos voisins Allemands, le sens de *Kulisse* est resté plus fidèle à son étymon. Il signifie le décor, au théâtre, à l'opéra, mais aussi sur un plateau de cinéma. À propos, par exemple, de ce succès remarquable que fut *Amélie (Poulain)* en Allemagne, on dira que *Paris ist die schönste Kulisse, die man sich vorstellen kann.* (« Paris est le décor le plus beau qu'on puisse imaginer »). Pour évoquer les coulisses, au propre comme au figuré, on emploiera par ailleurs l'expression *hinter die Kulisse,* littéralement « derrière le décor ».

☞ *Kulisse* a aussi le sens à Vienne de petit théâtre, de cabaret.

L

LACROSSE (anglais) : *sport d'équipe,* de « la crosse » – Le jeu de *lacrosse* (« la crosse », au Québec) est un sport national au Canada, au même titre que le hockey sur glace. Il est populaire également aux États-Unis, en Suisse et en Angleterre – pratiqué surtout par les jeunes filles « comme il faut » – mais complètement inconnu des Français, qui lui ont pourtant donné son nom. Le bâton qu'utilisaient les Amérindiens, initiateurs du jeu au XVIIe siècle, leur rappelait en effet la crosse des évêques... Ce jeu n'est pas le seul, dans le monde anglo-saxon, auquel nos compatriotes sont liés historiquement. À tout seigneur tout honneur, évoquons le tennis bien sûr qui doit son existence au jeu de paume, et dont le nom même provient du mot « tenetz ! » (tenez !). Et n'oublions pas le cricket, sport britannique par excellence, inspirateur du base-ball américain, dont l'origine avérée est le « criquet ». Non pas l'insecte vorace et dévastateur, mais ce bâton planté en terre et qui servait jadis de but dans une forme ancienne – et française – du jeu.

LAISSEZ FAIRE (anglais) : *théorie économique libérale, non interventionnisme,* de « laissez faire, laissez passer » – « Monsieur Colbert assembla plusieurs députés de commerce chez lui pour leur demander ce qu'il pourrait faire pour le commerce ; le plus raisonnable et le moins flatteur d'entre eux lui dit ce seul mot : "Laissez-nous faire." » Cette scène rapportée dans le *Journal Économique* du temps est sans doute la première revendication libérale officielle. Le physiocrate Vincent de Gournay (1712-1759), opposant farouche à la politique interventionniste de Colbert et ses successeurs, développa par la suite les principes de cette doctrine, les résumant de cette formule : « laissez faire, laissez passer. » Un programme suivi à la lettre dans les pays anglo-saxons – avec une certaine réussite – jusqu'à cette perversion de l'idée libérale que constitue le néolibéralisme.

L'expression *laissez faire* ne se limite pas en anglais à l'économie, mais s'applique à tout domaine où les questions de la liberté et de la réglementation sont en débat. On parlera ainsi de *laissez faire attitude* au sujet de l'éducation, des mœurs, de la pratique religieuse, du port d'armes... sans jamais que cette formule induise, comme en français, l'idée de laxisme.

LECTURE ; LEKTOR (anglais, russe) : *conférence, cours d'université ; conférencier* – Qui a assisté dans sa vie à une conférence donnée par un Britannique (*lecturer*) l'a sans doute remarqué : il lit son texte de bout en bout. Raideur et manque de spontanéité légendaires de nos voisins d'outre-Manche ? L'idée chez eux, plutôt, qu'un travail sérieux ne souffre aucune improvisation. Le *lektor* russe est également un conférencier ; à ne pas confondre avec le *Konferencier* (voir *compere*) qui désigne tout autre chose.

☞ La *causerie* est aux Pays-Bas une conférence, et le *causeur* un conférencier.

LE PLUS ÇA CHANGE, LE PLUS C'EST LA MÊME CHOSE (anglais) : – Vous êtes écrivain, vous écrivez toute votre vie d'arrache-pied, vous produisez des articles, des romans, des poèmes, des pièces de théâtre par dizaines, soucieux de laisser à la postérité une œuvre à la mesure de votre talent et de votre ambition, et au bout du compte, que reste-t-il ? Une phrase, une seule. Oui, mais quelle phrase ! « Plus ça change, plus c'est la même chose », un concentré de lucidité sur la nature humaine et sur la vanité des choses. L'écrivain s'appelle Alphonse Karr (1808-1890), un homme d'esprit comme il en reste peu, et son aphorisme est extrait du journal *Les Guêpes*. Curieusement, la formule connaît plus de succès chez les anglophones qu'en terre française. Avec des formulations souvent déroutantes, ainsi : *« La plus ça change, la plus c'est la même chose »*, *« It's plus ça change all over again »*, ou bien *« An election of plus ça change »*. Un savant américain, qui fait autorité dans les sciences de la terre, a même développé une théorie qu'il a baptisée *« the plus ça change model »*.

167

LEVEE (anglais) : *digue, remblai,* de « levée » – « *When the levee breaks, mama, you got to move* » (« Quand la digue cèdera, mama, tu devras partir ») avertissait le bluesman louisianais Memphis Minnie en 1929, et quelques décennies plus tard, le groupe Led Zeppelin. Ce jour est arrivé le 30 août 2005, causant la destruction de La Nouvelle-Orléans et la mort de milliers de personnes ; en cause bien sûr la force dévastatrice de Katrina, la crue du Mississipi, mais aussi l'impéritie des responsables politiques qui avaient négligé de renforcer les *levees*. Hormis dans les travaux publics (la levée de terre), le mot n'est plus employé de nos jours en France, mais ne risque pas d'être oublié aux États-Unis.

LIMONADE ; LIMONADA ; VICHY (allemand, néerlandais ; slovène ; finnois) : – Avant d'être cette boisson gazeuse d'eau légèrement sucrée et acidulée, la limonade était autrefois en France une boisson rafraîchissante faite avec de l'eau plate, du jus de citron et du sucre, ce qu'on appelle aujourd'hui la citronnade. Le mot *limonade* s'est conservé en slovène sous le sens premier, et s'applique également, de manière figurée et péjorative, à une chose sans valeur, inintéressante. *Ali gledas limonade ?* (« Est-ce que tu regardes les limonades ? »), dira-t-on d'une mauvaise série télé. Aux Pays-Bas comme en Slovénie, la *limonade* est une boisson non gazeuse, mais le sirop qui l'aromatise n'est pas nécessairement du citron. En Allemagne, enfin, la *Limonade*, appelée familièrement *Limo* est le nom générique de tous les rafraîchissements sans alcool (sodas, eaux minérales) en dehors du lait et des jus de fruits frais.

Plus au nord, en Finlande, on observera avec étonnement que *vichy* est le nom donné à toutes les eaux minérales gazeuses. « – *Mitä haluatte juoda ruoan kanssa ?* (« Que désirez-vous boire avec le repas ? ») – *Pullo vichyä, kiitos* ». (« Une bouteille d'eau gazeuse, s'il vous plaît ») entendra-t-on communément à Turku, Vaasa ou Helsinki.

☞ *Perrier* se dit en chinois *bali shui* (« eau de Paris »).

LOMBARDIEREN (allemand) : **prêter sur gages, hypothéquer,** de « lombard » – À la différence de l'emprunt financier, l'emprunt lexical est sans intérêt, et l'usure d'un mot n'a jamais ruiné personne. Ainsi pensait peut-être saint Augustin, auteur de l'interdit religieux pesant sur le prêt à intérêt. Un prêt qui finira par être toléré néanmoins – finances de l'État obligent – mais chez les Juifs et les Lombards exclusivement. Les Lombards ? Des marchands de Venise, Gênes et Pise en réalité qui, dès le milieu du XIe siècle, établissent des comptoirs commerciaux en Orient et en Afrique du Nord. Grâce à leur adresse et à leur connaissance des techniques bancaires, ils ouvrent des bureaux de change en France, en Flandre et même en Angleterre. Dans l'Hexagone, ils s'installent à Paris, dans la rue qui aujourd'hui porte leur nom, la rue des Lombards. Leur sort est cependant soumis au bon vouloir des gouvernants et, comme les Juifs, ils seront périodiquement les victimes de spoliations et d'expulsions. Ce sera le cas notamment sous le règne de Philippe Le Bel, en 1291 et 1311. Disparus physiquement, les financiers italiens se rappelleront à notre bon souvenir lexical jusqu'au XIXe siècle, grâce au « lombard », un établissement autorisé à faire du prêt sur gages. C'est cette idée qu'a reprise *lombardieren*.

☞ Le *caveau* italien et le *Tresor* allemand désignent un coffre-fort, une chambre forte.

LOO (argot britann.) : *toilettes, W-C* – Les emprunts français ne manquent pas au sujet du petit coin. Évoquons rapidement les *pissoire* (allemand), *pissoar* (suédois), *piswar* (polonais) au sens de pissotière, urinoir public. Signalons la *retirade* néerlandaise (l'endroit où l'on se « retire »), la *retrete* espagnole ainsi que le *chalet* polonais (de « chalet de nécessité ») pour désigner les toilettes. N'oublions pas l'argot avec le *Klo* allemand (de « clos », ayant donné aussi le *closet* anglais), la *residencijza* bulgare (chez les élèves et étudiants), le *secreet* (de « secret ») néerlandais ou le *sortir* russe (voir page 173), et dans ce même registre, attardons-nous sur *loo*. Trois hypothèses courent sur cette manière toute britannique et familière de désigner les W-C, et les trois ont en commun notre pays ou notre

PARDON MY FRENCH ! *

Les anglophones emploient cette formule plaisante pour « s'excuser » de leurs écarts de langage ; le français étant présenté – non sans ironie – comme la référence en matière de distinction.

Les écarts suivants ont ceci de particulier qu'ils sont *effectivement* d'origine française :

Cavalier : c'est un des rares mots de *slang* empruntés à notre langue. Il désigne un pénis non circoncis et, par extension si l'on ose dire, son détenteur. La **kokot**, mot slovaque très prisé par les jeunes, renvoie à cette même partie du corps, avec ou sans prépuce. C'est le cas aussi de l'**ekler** russe, pâtisserie jugée suggestive.

Flòbert : le *flòbert* est en italien un court fusil, de chasse généralement, et qui a pour particularité d'être chargé par la culasse. Son inventeur n'est pas l'auteur de *Madame Bovary* mais Nicolas Flobert (1819-1894), un grand armurier français. Au figuré, et pour les raisons qu'on soupçonne, ce mot désigne dans le jargon de la pègre italienne un homosexuel passif. **Mademoiselle** remplit la même fonction.

Galoche : dans de nombreuses langues (allemand, russe, bulgare, italien...), ce mot a le sens d'une protection en caoutchouc pour les chaussures. Par un glissement presque prévisible (le pied se chausse, mais il se prend aussi), il en vient aujourd'hui à désigner en russe une « capote ». **Balon** signifie la même chose en argot turc.

Hot biscuit : c'est en anglais une femme excitante sexuellement dont on soupçonne qu'elle est une affaire au lit. Certains en France diraient simplement qu'elle est « bonne ».

Kürdanci : tirant son origine de « cure-dents », ce mot désigne en argot turc un pédéraste aimant les petits garçons.

Maitresse : en Italie, c'est la tenancière d'une maison close, la mère maquerelle, la tôlière. Chez les Suédois et les Tchèques, on l'appelle respectivement **bordellmamma** et **bordel-mama**. Dans nombre d'endroits aussi, elle reçoit le nom de **madame** ou **madama**.

Minette : c'est en argot russe le nom d'une faveur buccale prodiguée non par un monsieur à une dame, comme ce mot le laisserait supposer, mais par une dame à un monsieur ; la dame étant qualifiée au choix de **minetchik** ou de **minetchitsa**.

Ötobus : en turc, c'est une prostituée, une putain. Est-ce parce qu'elle peut faire monter beaucoup de monde ou parce que ses clients, à l'instar du bus, se font parfois attendre ? On ne sait trop.

Partie Lochbillard : littéralement, c'est une « partie de billard à trous », et métaphoriquement un rapport sexuel. L'expression, pour être employée, suppose qu'on soit allemand, entre hommes, qu'on ait bu force bières et qu'on adore le foot.

Rosette : le mot n'évoque aucune distinction honorifique. C'était au XVIIIe siècle une petite fenêtre ronde, et depuis le premier conflit mondial, l'anus. Il s'emploie bien plus en allemand qu'en français, notamment dans l'expression *die Rosette haben* ou – plus explicite – *Saucen in der Rosette haben* ; avec le sens bien entendu d'avoir peur.

Sortir : ce sont en russe les W-C, en bien plus vulgaire. Le mot vient du fait certainement qu'on pense à cet endroit au moment de partir. Avec une élégance qui n'appartient qu'à lui, le président Poutine aura fait entrer ce mot dans la phraséologie officielle. C'était, on s'en souvient, au sujet des Tchetchènes : « *My budiem etikh banditov mochit' v sortirax !* » (« Nous buterons ces bandits jusque dans les chiottes ! »)

Visage : c'est la « gueule » en allemand, et la « sale gueule » plutôt que la belle. À éviter, donc, les phrases du type : *Erika, deine Visage gefällt mir viel !* (« Erika, ta sale gueule me plaît beaucoup ! »)

---

* Passez-moi l'expression !

langue. La première, cruelle, remue le fer dans une vilaine plaie nationale : Waterloo. *Loo* résulterait ainsi d'un jeu de mots entre Waterloo et water-closets. La deuxième tiendrait dans l'expression « lieux d'aisances » empruntée aux Français par des soldats anglais durant la Grande Guerre ; « lieux » devenant *loo* sous l'effet de leur prononciation. La troisième hypothèse, enfin, tire sa source de temps bien plus anciens. *Loo* serait « l'eau » et proviendrait de la formule « gardez l'eau ! » (prenez garde à l'eau !), avertissement salutaire quand les pots de chambre paraissaient aux balcons.

LUNE, LUNEFULD ; LUNATIC ; LUNATIK (danois ; anglais ; russe) : *caprice, capricieux ; dément ; somnambule,* de « lune » et « lunatique » – L'influence de la lune sur le métabolisme humain est bien connue. Celle-ci s'est traduite de diverses manières selon les pays. Au Danemark, où lune se dit *mund*, l'emprunt français *lune* a pris le sens de caprice, et *lunefuld* (littéralement « plein de lune ») celui de capricieux, de lunatique. *Lunatic*, justement : les anglophones qualifient de la sorte un malade mental, appelé plus simplement *loony* ; l'asile psychiatrique se nommant, lui, *lunatic asylum*. Quant au *lunatik* russe, c'est un somnambule.

☞ *Grymas* signifie caprice en polonais, parce que, de dégoût ou de dédain, l'expression d'un caprice s'accompagne souvent de grimaces.

M

MADAM ; MADAMA (anglais, allemand, hongrois ; turc, italien, bulgare) : de « madame » – « Madame » a connu bien des vicissitudes depuis que la France est descendue de son piédestal. Et chose frappante, le scénario de ses mésaventures s'écrit partout à l'identique. De femme respectable jouissant d'un statut social enviable, celui de bourgeoise, de femme mariée, de maîtresse de maison, elle devient en quelques dizaines d'années gouvernante, domestique, femme de chambre dans un hôtel, puis prostituée ou maquerelle. Les linguistes évoqueraient en l'espèce une dépréciation sémantique du lexème. On parlera plus simplement de déchéance. Dans plusieurs langues, par ailleurs, le mot a pris des acceptions particulières. Revue de détail : la *little madam* est en anglais une jeune pimbêche ; la *Madam* en allemand est une bonne grosse, qui aime se faire servir ; en argot américain, le même mot désigne un vieil homosexuel ; en hongrois, la *madam* est une sage-femme ; chez les Turcs, *madama* qualifie une femme issue des minorités juive et chrétienne ; pour les Roumains, c'est une femme de qualité morale douteuse ; en Italie, *madama* était la concubine d'un homme blanc pendant la conquête en Afrique et c'est aujourd'hui la police en argot (*Arriva la madama !*) ; et pour conclure sur une note plus riante, la *madama* est pour les Bulgares une fille très jolie et distinguée.

☞ La *beldam* est en anglais une vieille sorcière, une mégère.

MAISONETTE (anglais) : *duplex,* de « maison-nette » – Mieux vaut un n en moins et un étage en plus, c'est ce que doivent penser les Britanniques. Sauf qu'aux dernières nouvelles, le mot s'appliquerait parfois aussi à des appartements d'un seul niveau ; par snobisme.

MAÎTRE D' ou MAÎTRE DE ; MAÎTRE (anglais ; italien) : *maître d'hôtel, chef de salle de restaurant* – Le *maître d'* est un *attendant*, c'est-à-dire dans le monde anglophone un employé attaché au service et au bien-être de ses clients. Le *valet* se range aussi dans cette catégorie avec le *valet service* (pressing d'un hôtel), le *valeting* (service de lavage de sa voiture), ou le *valet parking* (voiturier), passé ensuite à l'espagnol et à l'allemand.

MAMANI ; GOSSE (persan ; suédois) : *mignon, grâcieux,* de « maman » ; *garçon,* de « gosse » – Comme toutes les mères françaises (ou presque), les mères iraniennes aiment leurs enfants ; et ces enfants, comme tous les enfants de France, appellent leur mère *maman.* Mais à la différence de nos enfants, ils ne seront aux yeux de leur mère ni mignons, ni beaux, ni gracieux, mais *mamani*, ce qui revient au même. Bien plus au nord, une mère suédoise appellera son enfant *mammas gosse* ou *mammas lilla gosse*, c'est-à-dire « petit chou », « coquinou », « petit chat » ; avec cette nuance que *gosse*, en Suède, ne peut concerner qu'un garçon. Et puis les années passant, la même formule désignera un « fils à papa » ou plus justement « fils à maman ».

MAMSELL (allemand) : *employée de restaurant,* de « mademoiselle » – Plus précisément encore, la *Mamsell* est la responsable de la préparation et de la distribution des plats chauds et froids dans un établissement de restauration. La *kalte Mamsell* (la « froide mademoiselle »), formulation sur laquelle il convient de ne pas se méprendre, est simplement affectée au buffet froid.

☞ Le *servant* est en russe un buffet, tout comme la *kantin* turque, et *bife* (de « buffet ») est un café, un bar en slovène.

MANSCHETTEN (haben) : (allemand) : *(avoir) la frousse,* de « manchettes » – *Er hat Manschetten vor seiner Frau*, dit-on d'un homme qui a peur de sa femme. Pourquoi cela ? Il y eut un temps, au XVIIIe siècle, où la mode commandait aux jeunes hommes de porter des vêtements à longues manchettes. L'inconvénient en était pour ces godelureaux de ne pouvoir tirer l'épée convenablement. On les accusait d'être lâches et de préférer l'élégance au combat. La mode est passée, l'expression est restée.

MANTO (persan) : *manteau islamique,* de « **manteau** » – Le *manto* iranien n'était jusqu'ici qu'une blouse de travail, un long manteau léger. Et puis la Révolution islamique est passée par là, avec son code vestimentaire. Deux solutions pour les femmes alors : le tchador, ce voile qui recouvre tout, excepté le visage et les extrémités, ou bien le foulard et le *manto*. C'est la formule « choisie » en général par la majorité d'entre elles.

MARCEL WAVES (anglais) : *coiffure crantée, ondulations,* de « **ondulation Marcel** » – « Toute femme a, dans le cœur, le secret désir d'avoir les cheveux frisés. » Ainsi s'exprimait le coiffeur parisien Marcel Grateau (1852-1936), inventeur en 1872 du fer à friser chauffé. La coiffure qui découla de cette innovation, caractérisée par des vagues *(waves)* de cheveux régulières et profondes, eut la faveur des élégantes dans les années 1920 et au début des années 1930. En France, on l'appela un temps *ondulation Marcel* et Jean Harlow fut à Hollywood sa meilleure ambassadrice. *Marcel waves* demeure en anglais le nom de cette coiffure rétro.

☞ Le « *Friseur* » allemand est un coiffeur. Le *coiffeur* italien ne peut être de son côté qu'un coiffeur pour dames. Enfin une *mise* est en portugais une mise en plis.

WIG

Voici un mot qui n'a rien à faire dans ce livre. Son sens, en effet, ne diffère en rien de celui qui l'a inspiré, « perruque », et il a perdu toute apparence française. C'est au point même qu'il n'a plus une seule lettre en commun avec son étymon. Ce cas singulier méritait bien une explication :

C'est au cours du XVIᵉ siècle que perruque fait son entrée dans la langue de Shakespeare, sous la forme de *perruke*. *Perruke* devient ensuite *perruck* puis *perwyke*, puis *perwyke*. Durant le XVIIᵉ siècle, les changements se poursuivent et le mot adopte de nouvelles physionomies : *perwick, periwick, perawick, perewake, periwike, perwig, perewig, perywygge, perrywig, perrywigge et perriwigg*. Le XVIIIᵉ siècle apporte aussi son lot de modifications avec *periwigg, perriwig, perrewig, perywig, periwig, periwyg, periweg*, et finalement (ouf !) *periwig*. Le mot *wig* qu'utilisent les anglophones aujourd'hui est une forme abrégée de *periwig*.

Ces transformations se comprennent par le fait que beaucoup, à l'époque, ne savaient ni lire ni écrire. L'acquisition du vocabulaire se faisait à l'oreille, d'un siècle à l'autre, d'une province à l'autre, d'une personne à l'autre, avec tous les risques liés à une mauvaise écoute ou une mauvaise prononciation.

MARSHROUTE ; MARCHROUTKA (allemand ; russe) : *itinéraire ; minibus,* de « marche » et « **route** » – Constitué de deux mots français, l'allemand *Marschroute,* emprunté au jargon militaire, a le sens de route à suivre, itinéraire. Devenu *marchroutka* en russe, ce vocable a pris depuis la chute du mur une signification nouvelle, celle de minibus ; ces minibus des compagnies privées apparues en Russie et dans les anciens pays communistes pour pallier les carences des moyens de transports publics.

☞ *Route* a en anglais aussi le sens d'itinéraire, de trajet.

MARQUEE (anglais, anglo-américain) : tente ; pancarte ; joueur vedette, de « marquise » – Prenons une marquise ; pas celle dont les « beaux yeux d'amour mourir me font », tombée dans les oubliettes de la Révolution, mais sa version plus prosaïque : un auvent placé au-dessus d'une porte d'entrée, d'un perron. Payons-lui son billet pour l'Angleterre et observons son évolution. Son nom change d'abord, elle devient *marquee,* puis elle quitte son mur et prend son indépendance. La voici tente de cocktail à présent, ou chapiteau de cirque. Va-t-elle s'en contenter ? Non, car sur un coup de tête, elle s'embarque pour les États-Unis. Nouveau continent, nouvelles perspectives : *marquee* connaît bientôt la réussite. Souvenir de ses années de jeunesse ? C'est maintenant une enseigne, une pancarte de grand format placée au-dessus de l'entrée d'un cinéma, d'un théâtre, d'un magasin... Elle est partout. On ne voit qu'elle. Et c'est la consécration. À force de s'afficher, elle devient *marquee player*, un comédien ou un sportif vedette que tout le monde courtise. Comme les marquises autrefois.

☞ Le *Marquee* est un club londonien célèbre où les Rolling Stones, notamment, firent leurs débuts.

MARTINET (anglais) : *à cheval sur la discipline, pète-sec ; discipline rigide,* de « Jean Martinet » – On est tenté, en découvrant ce mot, de l'associer à cet odieux intrument à lanières qui servait (sert ?) à punir les enfants indociles. Il semble toutefois qu'il n'en soit rien, le martinet français découlant plutôt d'un vieux mot français, le *martin-bâton*. Le *martinet* anglais, lui, trouve son origine chez le sieur Jean Martinet. Ce colonel ou général, on ne sait trop, fut jadis chargé par le roi Louis XIV de moderniser l'armée, ce qu'il fit avec zèle. Il unifia le commandement, multiplia les exercices, et surtout durcit drastiquement la disciple. Trop sans doute, car ses soldats le haïrent bientôt. On raconte même que sa mort, durant le siège de Duisberg en 1672, ne fut pas tout à fait accidentelle. C'est en tout cas grâce à cet homme, ou à cause de lui, qu'un employé peut soupirer aujourd'hui : *Our new boss is a real martinet.* (« Notre nouveau patron est un vrai tyran. »)

MATINÉE (allemand, italien) : de « matinée » – Une « matinée », c'est une représentation artistique (concert, opéra, pièce de théâtre, spectacle de danse...) qui n'a pas lieu en soirée. Jusque-là, Allemands et Italiens en conviennent avec nous. Là où les choses se gâtent un peu, c'est au sujet des horaires. Dans l'Hexagone, on le sait, aucun spectacle ne commence avant le milieu de l'après-midi, disons 15 h 30. En Allemagne, il n'en est pas question. La *Matinee*, si les mots ont encore un sens, c'est le matin. Point. Et en général à 11 heures. Quant aux Italiens, toujours accommodants, ils oscillent entre les deux attitudes. Pour eux, une *matinée* se tiendra le matin, ou tôt dans l'après-midi.

MATINEE IDOL (anglais) : *acteur idolâtré par les femmes* – D'abord, remarquons que la *matinee* anglaise ne diffère pas de la nôtre. Ensuite, un point d'histoire récente : *matinee idol* désignait entre les deux guerres un acteur de théâtre qu'aimaient excessivement les femmes. Celles-ci, comme dans certaines discothèques aujourd'hui, ne payaient pas leur place en matinée, et les salles faisaient le plein d'admiratrices. Le terme a quelque chose de désuet à présent et se dit d'acteurs vedettes au charme un peu rétro. Si l'on en croit la presse Murdoch, suppôt de l'actuelle politique américaine, le secrétaire d'État à la Défense en serait une illustration : « *Donald Rumsfeld, husband of nearly fifty years, father, grandfather, 71 years old, is a matinee idol.* »

☞ La *midinetta* a le sens en croate de fille aux mœurs légères.

MAYDAY (international) : *signal de détresse,* de « venez m'aider » – *Mayday* est un signal international de détresse en radiotéléphonie. Il est utilisé dans la navigation, aérienne ou maritime, ainsi que dans le métro de Londres. Pour les anglophones, c'est le « jour de mai », résultat d'une anglicisation survenue après la Première Guerre mondiale, et bien peu de Français connaissent ses origines véritables. Les autres messages sont : *seelonce mayday* (« silence m'aider »), *seelonce feenee* (« silence fini »), *pru donce* (« prudence »), *may dee cal* (« médical »), *pan pan* (« panne panne »)...

MELANGE (all. d'Autriche) : *café au lait* – On l'ignore mais les Autrichiens consomment presque deux fois plus de café que les Italiens. Du café noir, nommé *Schwarz* ou *Moka*, qu'on sert sur un plateau d'argent accompagné d'un verre d'eau, ou du café au lait qu'on appelle *Melange*. Ce *Melange*, constitué à parts égales de lait et du précieux nectar, ne saurait être servi ailleurs que dans un verre. Tradition oblige.

MELLA (islandais) : *prostituée, fille de mauvaise vie,* de « Mlle » – Isolée pendant des siècles, l'Islande n'a guère connu le métissage ethnique, et la langue qu'on y parle a subi peu d'influences. On ne doit ni s'étonner ni se vexer si les mots français y sont rares ; ce qui ne donne que plus de prix à celui-là. *Mella* tire son origine de l'époque des terre-neuvas, ces grands bateaux partis au tournant du XXe siècle pêcher la morue dans les eaux de Terre-Neuve ou d'Islande. La Grande Pêche, comme on l'appelait alors, durait des mois, elle était éreintante et nombre de ces « galériens de la mer » y laissaient leur vie. C'était donc pour eux un précieux réconfort quand venait à se nouer avec les jeunes femmes du cru quelque relation tendre. Dans le meilleur des cas, des lettres suivaient, et sur les enveloppes en provenance de Paimpol ou de Bordeaux, on pouvait lire comme c'est l'usage « Mlle » pour Mademoiselle. Chez une population locale hostile à ces unions, cette abréviation innocente devint bientôt une marque de distinction des moins honorables.

☞ Son lieu de travail étant souvent le trottoir, la langue bulgare fait au plus simple en appelant la prostituée *trotoarka*.

MENJOUBÄRTCHEN (allemand) : *fines moustaches,* de « Adolphe Menjou » – Il s'appelait Adolphe et portait la moustache. Est-ce la raison de cet emprunt ? *Nein !* En réalité, cet acteur américain d'origine française (1890-1963) joua toute sa vie (comme Louis Jourdan, Charles Boyer, Maurice Chevalier...) le « Français de service » à Hollywood ; le Français tel qu'on aime le haïr : séducteur, mondain, hypocrite, alternant cynisme et sensiblerie. Un Français qui, comme personne,

CHARLOT

Au début, le personnage créé par Charlie Chaplin ne portait pas le même nom partout. Dans les pays anglophones, il s'appelait, et s'appelle encore « *the Little Tramp* » (« le vagabond »), tandis qu'ailleurs, c'était au choix Carlito, Carlino, Carlos... En France, le distributeur et futur créateur du cinéma Le Rex, Jacques Haïk, le baptise « Charlot ». Heureuse inspiration. On dit alors communément « avoir un charlot », ce qui signifie avoir un œil tuméfié à la suite d'un coup de poing. On parle aussi de « la bascule à Charlot » pour la guillotine, et de « Charlot » pour le bourreau. Et pour cause, puisque ces exécuteurs de justice que furent les Sanson se prénommaient souvent Charles. Jacques Haïk a compris de suite que le clochard au chapeau melon était un « bourreau » autant qu'une victime, et que cette ambivalence faisait toute la richesse du personnage.

Aussi n'est-ce que justice si le nom « Charlot » a peu à peu supplanté ses concurrents dans le monde entier ou presque.

savait faire frissonner ses moustaches. C'est dans une version muette des *Trois Mousquetaires* qu'Adolphe Menjou se fit connaître, mais c'est *L'Opinion publique* (*A Woman in Paris*) de Charlie Chaplin qui imposa son personnage. Suivront de nombreux films de Lubitsch, Sternberg, Capra, pour finir en beauté avec *Les Sentiers de la gloire* de Kubrick, où il fait merveille en général français frivole et sans pitié.

MÉTRO (grec) : de « métropolitain » – Athènes possède son métro, lequel porte un nom grec. Le *métro*, lui, désigne le train qui relie la capitale de la Grèce à son port historique, Le Pirée. Pourquoi ce nom ? La ligne est souterraine sur plusieurs kilomètres.

METTEUR EN DANSE (italien) : *chorégraphe,* de « metteur en scène » – Art historiquement français, le ballet a fécondé d'innombrables idiomes. Grâce à son lexique, il est l'un des seuls domaines aujourd'hui où notre langue est encore à la « barre » : Ne citons qu'« arabesque », « battement », « développé », « entrechat », « pas de deux », « pirouette », « tutu », et bien sûr « ballet » et « barre »... Jugeant peut-être que ce n'était pas assez, les Italiens ont conçu ce joli néologisme : *metteur en danse* (écrit parfois *metteur en dance*), sur le modèle bien sûr de « metteur en scène ». Dans le même univers, évoquons d'autres étrangetés. Ainsi la ballerine s'appelle *Balleteuse* en Allemagne et *danseuse* dans les pays anglophones. En Turquie, le danseur d'opéra a pour nom le *balet*, et la danseuse orientale la *dansöz*. Enfin le renversé, cette figure de tango aux frontières du comique, se nomme en Italie le *casqué*; sans qu'on sache bien pourquoi.

MICHELINES (espagnol, pop.) : *poignées d'amour, bourrelets,* de « **Michelin** » – Hommage inattendu au leader mondial des pneumatiques, cette expression plaisante renvoie bien sûr à sa mascotte, Bibendum. Rappelons au passage que ce vocable latinisant a pour sens « qui boit » (l'obstacle), ce qui vaut toujours mieux que les boissons trop sucrées.

☞ Le nom persan du pneu est *lastik*, du mot français « élastique ».

MIGNONETTE (anglais) : *réséda* – Le nom de cette plante, dans la langue de Churchill, est associé à l'amour tendre, en raison de l'insistant parfum qu'elle dégage. Dans la langue de Pétain, mais bien avant celui-ci, elle fut appelée « herbe-aux-juifs », parce qu'on en obtenait par décoction une très belle teinture jaune ; idéale donc pour colorer certains insignes. Un autre de ses surnoms était d'ailleurs « herbe à jaunir ».

☞ La loi Chevènement de 1998 relative au droit d'asile des étrangers s'appelle officiellement, et étrangement, « loi Réséda ».

MILIEU, PIÈCE DE MILIEU (roumain, serbo-croate, néerlandais) : *napperon, milieu de table, environnement* – En toile brodée ou en dentelle, le *milieu* est donc cette pièce de tissu ornementale qu'on place en général au centre d'une table, sur un buffet, un guéridon, voire un téléviseur. Aux Pays-Bas, on parlera de *pièce de milieu* pour le « milieu de table », cette décoration florale supposée embellir une table à dîner. Moins anecdotique, le *milieu* néerlandais (de « milieu naturel ») a le sens d'environnement, et le *milieuactivist* celui d'écologiste.

MONCHER (turc) : de « mon cher » – De récents débats l'ont montré à l'envi, les Français rendent bien mal l'amour que les Turcs leur portent. Ils oublient un peu vite ce que fut l'influence de la France et de ses penseurs (Rousseau, Voltaire, Montesquieu...) sur la Révolution kémaliste et la Turquie contemporaine. Sait-on qu'aujourd'hui 3 000 mots d'usage courant sont empruntés au français ? Et que chaque jour ou presque voit la création d'un nouveau gallicisme ? La « déception amoureuse » produit ses effets, hélas, et ces beaux sentiments risquent bien de changer à l'avenir. *Moncher* montre la voie. Cette épithète s'applique de manière péjorative aux personnes raffinées mais snobs, ambiguës et individualistes. Comme substantif, il évoque surtout, de manière non moins dépréciative, les diplomates.

MORGUE (anglo-américain) : *archives d'un journal, d'un magazine* – Quand elle n'est pas le lieu où sont entreposés des corps, la *morgue*, outre-Atlantique, désigne les archives d'un journal ou d'un magazine ; l'endroit où reposent vieux numéros et documentation. C'est l'endroit aussi où sont rassemblées les informations destinées aux rubriques nécrologiques de personnalités encore vivantes.

☞ Un kiosque à journaux se dit en hongrois *pavilon* (de « pavillon »).

MSEAR (cambodgien) : *fonctionnaire et plus particulièrement instituteur,* **de « Monsieur »** – Le mot rappelle qu'au royaume khmer, du temps de la présence française, presque tous les Français étaient militaires ou fonctionnaires.

☞ Le *konseil* est au Cambodge un ministre.

MUCKEFUCK (allemand) : *mauvais café, ersatz de café,* **de « moka faux »** – Pour comprendre la signification de ce mot, il faut se replonger dans la Prusse du XVIIIe siècle. À cette époque, le café y est encore une denrée précieuse, un produit lourdement taxé par Frédéric II. Faute de mieux, les sujets de l'empereur boivent donc une mixture blafarde à base de céréales, qui est bien loin de faire leur bonheur. C'est alors qu'interviennent les Français, ces huguenots (voir page 190) arrivés là quelques décennies plus tôt et qui forment encore une part importante de la population (15 % à Berlin). Certains d'entre eux sont paysans, jardiniers, et ils ont l'idée, pour le noircir un peu, d'ajouter de la chicorée au breuvage du cru. Ce sera le moka faux. Moka, du nom de

LES HUGUENOTS

« La conversion ou l'expulsion », c'était le choix laissé aux juifs en 1492 par la couronne espagnole. L'alternative, pour les huguenots, ne fut guère plus enviable. C'est pourquoi, comme les juifs, ils prirent massivement le chemin de l'exil.

Tout commence au début du XVIᵉ siècle. L'Église catholique est de plus en plus contestée. La corruption du haut clergé, son mépris de la foi et du peuple, conduisent plusieurs penseurs de l'époque à souhaiter une réforme. Mais la mission s'avère impossible. Un schisme se produit, donnant naissance au protestantisme. La Réforme est conduite en Allemagne par Luther, en France par Jean Calvin et ses partisans qu'on appellera plus tard les huguenots. Ceux-ci appartiennent à la classe marchande mais se recrutent aussi dans la noblesse. D'abord conciliant, le pouvoir se raidit. En 1562, le massacre de Vassy met le feu aux poudres. S'ensuit une guerre de religion atroce avec ces épisodes connus de tous: le massacre de la Saint-Barthélemy, l'assassinat du duc de Guise, celui d'Henri III, l'abjuration d'Henri IV, l'édit de Nantes... Édit de Nantes qui offre un répit aux protestants, mais Louis XIV, souverain bien peu éclairé en la circonstance, le révoque en 1685. Le culte protestant est interdit, les temples sont détruits, les pasteurs ont 24 heures pour quitter le royaume. C'est le signal du départ pour nombre de huguenots. Ils seront plus de 300 000 à faire leurs valises. Leur destination ? Les Pays-Bas, la Suisse, les États allemands, l'Angleterre, les États-Unis, et même la Russie ou l'Afrique du Sud. Dramatique exode, et catastrophe économique pour notre pays. La France perd ses meilleurs marchands et artisans. Les anglophones parleraient de *brain drain*, de fuite des cerveaux.

Un seul bon point dans cette affaire : la diffusion de la culture et de la langue françaises dans les pays d'accueil. Au contact des huguenots, l'allemand, l'anglais, le néerlandais, le russe même, se sont enrichis de nombreux mots nouveaux, reflet d'une influence plus large. Contrairement à la France, où cette page d'histoire est pratiquement occultée, il existe aujourd'hui une mémoire huguenote bien vivante à l'étranger. C'est le cas de ces pays « sans racines » que sont les États-Unis et l'Afrique du Sud, où on ne compte plus les *Huguenot foundations* ou *Huguenot societies*.

ce café très parfumé en provenance d'Arabie et faux, parce que décidément ça ne vaut pas le vrai café. Les Allemands savent cependant gré aux Français d'améliorer ainsi leur ordinaire ; tellement même que deux siècles plus tard, sous l'Occupation, ils les inviteront à leur tour à boire du *Muckefuck*.

N

NAPOLEONKA ; NAPOLEON (polonais ; anglais, allemand...) : *mille-feuilles,* de « Napoléon » – En Pologne comme en de nombreux endroits du monde (États-Unis, Allemagne, Italie, Russie, Roumanie...), le nom de l'Empereur désigne ce qu'en France on ne connaît que comme le mille-feuilles. Pourquoi Napoléon ? Et pourquoi pas, ne peut-on s'empêcher de rétorquer tant ces huit lettres magiques servirent à tout ou presque. Certains assurent que « l'Ogre » aimait passionnément cette pâtisserie. D'autres, plus facétieux, que c'était un hommage au Code Napoléon qui compte presque autant de feuilles. Plus sérieusement, la pâte feuilletée dont est constitué ce gâteau est dite « pâte française » dans de nombreux pays et comme, français, aux yeux des étrangers, Napoléon l'était plus que tout autre à cette époque, l'association a dû se faire d'elle-même.

NAPOLEONKI (bulgare) : *caleçon long,* de « Napoléon » – Encore un produit dérivé. Ce sont les culottes de casimir blanc qui ont ici servi de modèle, ce composant essentiel de la tenue impériale au côté de l'habit vert à parements rouges et du légendaire bicorne en castor noir. Le *napoleonki* désigne aujourd'hui le caleçon long en coton épais porté par les soldats bulgares ou les personnes âgées.

☞ Collant se dit en en néerlandais *maillot* et en grec *caleçon*.

NÉE ou NEE (anglais) : *annonce le nom de jeune fille d'une femme mariée* – À l'occasion de son mariage en 1953, on a pu lire dans la presse, « Mrs. Jacqueline Kennedy, *née Bouvier* » et à l'occasion de son décès en 1994, « Mrs. Jacqueline Onassis, *née Bouvier* ». C'est donc une formule officielle figurant dans les actes d'état civil ou les faire-part. Plus rarement, elle s'applique à des marques ou des entreprises qui ont changé de nom : « M&Ms née *Treets* », « *Whirlpool* née *Philips* », « *Vivendi* née *Générale des eaux* »...

NONPAREIL (anglo-américain) : *incomparable, unique, perles de sucreries* – Ce mot, disparu de l'usage, recouvrait autrefois plusieurs significations. D'abord, comme épithète, il qualifiait une personne sans égale, sans pareille, incomparable. Au féminin, ensuite, c'était un petit ruban et l'un des plus petits caractères d'imprimerie. Issu de ce dernier sens, ce fut bientôt une dragée de taille minuscule. « De grands plats de crème [...] présentaient, dessinés sur leur surface unie, les chiffres des nouveaux époux en arabesques de nonpareille », écrit Gustave Flaubert dans *Madame Bovary*. Les Américains ont retenu deux de ces acceptions : la première et la dernière. « *Jack Dempsey, known as* The Nonpareil, *was born in Ireland* » (« Jack Dempsey, connu comme *"Le Nonpareil"*, était né en Irlande »), rappelle ainsi tel chroniqueur au sujet du boxeur qui battit Georges Carpentier en 1921. Le *nonpareil* devint également, au XIXe siècle, une confiserie très populaire : un petit disque de chocolat recouvert de perles de sucre, tradition-nellement blanches. Ces perles ont pris des couleurs, puis leur indépendance, et décorent aujourd'hui des gâteaux de toutes sortes sous ce même nom de *nonpareil*.

NOSTALGIE DE LA BOUE (anglais) : *goût pour l'abaissement et la régression* – « Marquis : – Mettez un canard sur un lac au milieu des cygnes, vous verrez qu'il regrettera sa mare et finira par y retourner. Montrichard : – La nostalgie de la boue ! » Ainsi s'ouvre *Le Mariage d'Olympe*, une pièce à succès écrite en 1855 et oubliée aujourd'hui. Son auteur, Émile Augier (1820-1889), se voyait comme le Molière du XIXe siècle. Honoré, encensé pour ses comédies à la critique sociale très mesurée, il fut élu membre de l'Académie quand ses contemporains Flau-bert et Baudelaire étaient poursuivis pour atteinte aux bonnes mœurs. Dans *Le Mariage d'Olympe* qui se voulait une réplique à *La Dame aux camé-lias*, il dénonce le goût affecté des bourgeois de son temps pour la vie de Bohême (les « bobos » d'alors). L'expression *nostalgie de la boue* n'a survécu à l'oubli que dans le lexique anglais. On l'évoque encore pour qualifier des opinions ou des attitudes jugées rétrogrades lorsqu'elles émanent de milieux privilégiés. Dans l'Amérique profonde, peu soucieuse de changer sa manière de vivre et de consommer, c'est ainsi par exemple qu'on comprend majoritairement le discours écologiste.

IRAN - CORÉE

Si l'influence de la littérature française est aujourd'hui moindre, elle a de beaux restes cependant, et dans des coins du monde qu'on ne soupçonne pas. Sait-on ainsi que la Corée (du Sud) est le pays d'Asie où se vend le plus grand nombre de traductions françaises ? Un texte, notamment, est très connu des Coréens, un conte d'Alphonse Daudet: *La Dernière Classe*. Intégrée chaque année au programme scolaire, cette œuvre patriotique bien oubliée en France (un instituteur alsacien donne sa dernière leçon de français après la défaite de 1870) continue d'émouvoir les Coréens, très attachés à leur pays et au sens du devoir.

En Iran, un texte français reste populaire aussi, bien que circulant aujourd'hui sous le *manto* (voir ce mot). Il s'agit de *L'Âme enchantée*, le roman de Romain Rolland. Ce gros livre, qui évoque le difficile combat d'une femme en quête d'indépendance et de dignité, a trouvé un écho profond chez les lectrices iraniennes. Et les aidera, qui sait, à se débarrasser de leurs oppresseurs.

NOVELETTE (anglais) : de « nouvelle » – Trop courte pour être un roman (*novel*), trop longue pour être qualifiée de nouvelle (*short story*), de peu d'intérêt sur le fond comme sur la forme, la *novelette*, peut se définir comme un petit roman bon marché. Beaucoup de romans français contemporains répondraient à cette définition s'ils n'étaient vendus à un prix déraisonnable.

O

ORMOLU (anglais) : *faux or,* de « or moulu » –
L'or moulu est traditionnellement en France un
procédé de dorure pour le bronze. Il consiste à
moudre de l'or sur une pierre à broyer puis à
l'amalgamer avec du mercure ou du vif-argent.
Cet amalgame chauffé dans un creuset est alors
appliqué sur le bronze au moyen d'une brosse.
Ormolu a aussi ce sens en anglais, mais désigne
bien plus communément l'aspect faussement
doré d'un objet de décoration, comme une
montre, une horloge (*an ormolu clock*), un stylo-
plume...

☞ *Doublé* en suédois signifie « plaqué or ».

P

PAIN RICHE (suédois) : *baguette de pain blanc* –
Aujourd'hui portée au rang d'emblème national,
la baguette parisienne est de création récente.
C'est dans les années 1930 en effet que fut créé
ce pain croustillant et savoureux d'une longueur
de 70 cm, une largeur de 6 cm et un poids de
250 g ; avec un succès tel qu'il donna vite lieu à
de nombreuses imitations. Au Danemark, ce fut
la *flute*, en Finlande le *patonki* (« bâton ») ; en
Suède, le *pain riche*, ainsi que le baptisa
Tore Wretman, propriétaire du restaurant Riche,
aujourd'hui encore l'un des plus fameux de
Stockholm. Sans être trop chauvin (voir *chauvi-
nist*), on notera que cette « baguette » suédoise a
une croûte un peu molle et la mie trop pâteuse
pour soutenir la comparaison... Le mot et l'objet
tendent d'ailleurs à s'effacer devant la *baguette*,
orthographiée souvent *baugette* ou *bagett*, nom
générique pour des pains croustillants de
diverses longueurs.

☞ La *baguette* désigne en Argentine un pain
gros et large.

PAMPLEZIR (roumain) : *caprice,* de « par plaisir »
– Ce mot courant dans la langue roumaine est
une création de Ion Luca Caragiale, auteur de
comédies savoureuses en un siècle, le XIXᵉ, où la

gallomanie faisait rage dans son pays. Sa source se trouve précisément dans la pièce *Une Nuit orageuse*, et dans cette réplique de Zita à sa sœur Veta, qu'elle veut convaincre d'aller au théâtre sans autre raison que son pur plaisir : « *Merg numai asa [...] de un pamplezir.* » (« On y va comme ça [...] par plaisir. »)

☞ Le *plesir* bulgare est un gâteau, un cornet rempli de crème, dérivé du « plaisir » français, gâteau plat ou roulé en cornet appelé aussi « oublie », et aujourd'hui très oublié.

PARASHOUTIST ; TORPIL (bulgare ; turc) : *pistonné,* de « parachutiste » ; *favoritisme,* de « torpille »* – Hommage inattendu à l'aéronaute François Blanchard (1753-1809) et à son invention : d'un candidat à une élection locale imposé par la direction de son parti, on dit en France qu'il est « parachuté ». On parle aussi de « parachute doré » pour évoquer les grasses indemnités que s'accordent de grands patrons. Tous, à leur manière, sont des *parashoutist*. De son côté, le mot turc *torpil* a aussi le sens de piston, de favoritisme. Comme la torpille, cette arme insidieuse, le favoritisme s'exerce par en-dessous, à l'abri des regards, et ses conséquences pour l'état moral d'un groupe ou d'une société sont destructrices.

PAR AVION (international) : *dénomination pour la poste aérienne* – Quel fut l'auteur du premier vol motorisé d'un plus lourd que l'air ? Le débat entre historiens de l'aviation n'est pas tranché. Les frères Wright, assurent les Américains ; Clément Ader, certifient les Français. D'un côté (le nôtre) un saut de puce le 9 octobre 1890 à bord du premier « avion », appellation forgée par Gabriel de La Landelle presque trente ans plus tôt ; de l'autre, le 17 décembre 1903, un vol de 260 mètres à trois mètres au-dessus du sol. Dans le premier cas, est-on sûr qu'il y ait eu vol soutenu du fait d'un moteur ? Difficile de répondre. Plus incontestable en revanche est le rôle des Français dans l'épopée de l'Aéropostale, avec ces noms qui en firent la gloire : Mermoz, Guillaumet ou Saint-Exupéry. Celui-ci explique l'origine – française – des termes en usage aujourd'hui dans la poste aérienne internationale : « Par Avion », « LC » (lettres et cartes), « CP » (colis postaux) ou « AO » (autres objets). La Roumanie a largement puisé dans notre lexique aéronautique ; le fruit d'une collaboration entre les deux pays dès la Première Guerre mondiale, avec ces pilotes formés par la Mission française que furent Vlaicu, Vuia ou Coanda. On parle ainsi dans ce pays d'*avion*, de *tren de aterizare*, de *fuselaj*, d'*aeroport*, de *mansa* (« manche à balai »), de *pista de decolare* (« piste de décollage »)...

PAR BRICOLE (suédois) : *nom d'une confrérie* – La formule, venue du jeu de paume, s'appliquait jadis au billard français, appelé aussi « carambole ». Elle signifiait envoyer sa bille (ou boule) frapper une des bandes, de manière qu'elle rencontre ensuite la bille désirée. Au figuré, en français puis en suédois, agir « par bricole » eut bientôt le sens d'user de voies détournées ; idée qu'a conservée notre langue dans l'expression « par la bande ». De nos jours, *par bricole* ne s'emploie plus en France mais désigne en Suède une confrérie des plus aimables, puisque placée sous le patronage spirituel de Carl Michael Bellman (voir *Ravaillac*). Fondée à Stockholm au début du XVIIIᵉ siècle par le poète troubadour et par plusieurs de ses amis écrivains, celle-ci n'eut d'autre objet longtemps que de célébrer la bonne chère, le bien boire et le goût pour la farce et l'improvisation. Elle s'est bien assagie depuis, mais on dénombre pas moins de six filiales dans tout le royaume.

☞ Quand les voitures s'entrechoquent comme des boules de billard, on parle en français de « carambolage », en allemand et suédois de *Karambolage*, et en néerlandais de *carambole*.

PAR DISTANCE (allemand) : *de loin en loin* – *Wir verkehren mit diesen Leuten nur par distance* (« Nous ne fréquentons ces personnes que de loin en loin »), dit-on de gens qu'on ne voit plus guère ; soit qu'on ne le puisse pas, soit qu'on ne le veuille plus.

PAR EXCELLENCE (allemand) : *en bonne et due forme* – *Eine Abfuhr par excellence* signifiera ainsi « rebuffade en bonne et due forme ». L'expression « suédoise » *par préférence*, aujourd'hui plutôt désuète, a le sens, elle, de « par excellence ». ☞ Au golf, un « *par 3* », abréviation de « par excellence », désigne un trou qui doit être terminé en trois coups. Il existe également des « *par 4* » et des « *par 5* ».

PARFORCE-JAGD ; PARFORCEJACHT (allemand ; néerlandais) : *chasse à courre ; battue,* de « par force » – Dans le jargon de cette chasse, variante animale du lynchage, on notera également outre-Rhin le *Parforcehorn*, la trompe de chasse et la *Parforcemeute*, la meute (de chiens). Dans un sens plus figuré, l'expression *Parforcejagd* aura le sens d'une poursuite à bride abattue, et aussi d'une séance de travail marathon.

PARLEYVOO (anglais) : *français,* de « parlez-vous » – Au commencement était le Verbe. Puis vint le verbiage. Telle serait, très résumée, la longue histoire des Français et de la parole. Parler pour parler, s'écouter parler, parler pour ne rien dire, autant de reproches communément faits à nos concitoyens... Mais il y a pire : parler *pour* ne rien faire. C'est le fameux « effet d'annonce » érigé depuis des années en méthode de gouvernement. *Do you speak parleyvoo ?* (« Parlez-vous français ? »), *I don't parleyvoo* (« Je ne parle pas français »), *Monsieur Parleyvoo* (« Monsieur le Français »), sont autant d'expressions plaisantes, et un peu vieillies, qui rappellent en anglais notre vice.

☞ Un *parlör* (de « parleur ») désigne en suédois un guide de conversation ; *en fransk parlör* (« un manuel de conversation français »).

PAROLE, PAROL, PAROLA ; PAROLE (allemand, russe, bulgare ; anglais) : *mot de passe ; prisonnier libéré sur parole* – La « parole » en français engage (en principe) celui qui la donne. Son bénéficiaire dispose avec elle d'une sorte de laissez-passer fondé sur la confiance. Nous ne sommes pas très loin, donc, de la *Parole* outre-rhénane, le mot de passe, non plus que des *parol* et *parola* russe et bulgare. Le vocable allemand y ajoute cependant quelques sens supplémentaires, ceux de mot d'ordre, de devise, et aussi de slogan politique ; ce dernier expliquant l'ultime acception, celle d'affirmation mensongère. En anglais, l'idée est tout autre. *To parole* signifie libérer un prisonnier sur parole, *parole* étant familièrement le prisonnier lui-même. On parlera également de *bush parole* (prisonnier buissonnier...) pour évoquer une évasion de prison.

PART DEUX (anglo-américain) : *deuxième partie*. – Sur les affiches d'un film récent, *Kill Bill* de Quentin Tarantino, cette mention se justifiait par un authentique scénario en deux parties. Plus souvent, elle n'est qu'un argument commercial incitant le public d'un film à succès à voir sa suite supposée. L'expression, bien sûr, est héritée du théâtre et du music hall où le spectacle se déroule en deux temps. Elle est employée aussi dans des contextes non artistiques. Un seul exemple : « *Bush Part Deux* » au sujet de la réélection de George W. Bush à la Maison Blanche.

PARTERRE ; PARTER ; SOUTERRAIN (allemand, anglo-américain ; roumain, polonais, bulgare ; all. berlinois, néerlandais...) : *rez-de-chaussée d'un immeuble ou d'une maison ; sous-sol* – De l'avantage de parler notre langue, lorsqu'on passe ses vacances en France, mais de l'inconvénient de manquer de vocabulaire : « Alors, madame Müller, ces vacances ? La maison est confortable ? – Oui, merci... C'est très agréable dormir *parterre*, c'est plus frais la nuit. – Vous couchez par terre ! – Oui, et le chien dort dans le *souterrain*. »

☞ L'*entresol* anglais et l'*antresola* polonaise ont le sens de mezzanine, tout comme le *tét* (de « tête ») macédonien.

PARTOUT (allemand) : *absolument, à tout prix* – *Ich will das partout !* (« je veux ça à tout prix ! »), s'écriera telle enfant capricieuse. *Das will mir partout nicht in den Kopf* (« Ça ne veut absolument pas rentrer dans ma tête ! »), se plaindra telle autre au sujet de ses devoirs.

PATRON (anglais, allemand, russe, bulgare) – Le patron français, on le sait, est du côté de la direction. En anglais, le mot prend le parti du client. On parlera ainsi de *the patrons of a company* (« les clients d'une société ») ou *the patrons of the restaurant* (« les clients du restaurant »). C'est aussi un protecteur pour les arts, un mécène, et on se rapproche là des notions françaises de « patronage » et de « saint patron ». Le *Patron* allemand, lui, n'engendre pas la mélancolie. C'est un gai luron, un bon vivant (*ein lustiger Patron*). Mais le plus surprenant est le sens pris par ce mot en Russie et en Bulgarie. *Patron* y désigne en effet une cartouche. Pourquoi ? Comment ? Est-ce chez ces deux anciens pays communistes le souvenir du slogan révolutionnaire « un patron = une cartouche » ? On n'ose le penser. Le mot rappelle plutôt le patron de couture, c'est-à-dire le modèle, la mesure, le *calibre*.

PENDANT (dans « far pendant ») : (italien) : *être assorti* – On dira par exemple : *Le scarpe fanno pendant con la gonna* (« Les chaussures sont assorties à la jupe »), si tel est le cas bien sûr, ou si on veut faire plaisir.

PETIMETRE ; PETIMÄTER (anglais, esp. d'Argentine ; suédois) : *jeune élégant(e) aux manières affectées et prétentieuses ; tatillon, maniaque,* de « petit-maître » – Toujours la même image des Français... On finirait par se lasser. Cette fois, il s'agit d'une expression vieillie, qu'on trouve encore chez Zola ou Nerval avec le même sens : « Cet homme semblait avoir toute la politesse importune, tout le bavardage fatiguant

d'un petit-maître français de la vieille école »
(*Nouvelles et fantaisies*). En Suède, le mot *petimä-ter* s'applique aussi à une personne trop minu-tieuse, tatillonne.

PETITE MARMITE (anglo-américain) : *genre de pot-au-feu, récipient pour le cuire* – Composée de viande de bœuf ou de poulet et de différents légumes dont le chou, la *petite marmite* doit mijo-ter longuement, à feu doux, et être servie dans son récipient de cuisson, une petite marmite justement. Un ingénieux dispositif rappelant le nécessaire à fondue permet ensuite de garder le plat chaud pendant le repas. *Marmite*, marque anglaise déposée, est par ailleurs une célèbre pâte à tartiner végétale à base d'extraits de levure. Quant à la *marmitta* italienne, si elle évoque bien un pot, c'est d'un pot d'échappe-ment dont il s'agit.
☞ Après quelques vicissitudes, *marmittone* a pris en italien le sens de bidasse, troufion.

PEYSA (islandais) : *pull, chandail,* de « paysan » – Quand les terre-neuviens français interpel-laient un Islandais, ou une Islandaise (voir *mella*), faute de parler leur langue, ils les appe-laient « paysan ! paysan ! ». Et ces derniers, qui n'y entendaient goutte, croyaient qu'ils leur parlaient de leurs jolis pulls.
☞ Paysan se dit en bulgare *provans* (de « pro-vince »), et un *provincialiste* est un paysan fruste, sans éducation.

M. DUPONT / Mr. BRIDGE

La plupart des Français émigrés aux États-Unis ont dû, jadis, angliciser leur patronyme. Traduction plus ou moins juste, calque approximatif ou pure fantaisie, cette opération donne surtout l'impression de s'être effectuée à la va-vite...

Français	Anglais	Français	Anglais
Allain	Allen	**Desjardins**	Gardiner
Allaire	Alley	**Duhamel**	Campbell
Asselin	Ashley	**Dupont**	Bridge
Auclair	O'Clair	**Faure**	Ford
Beaudoin	Boardman	**Fontaine**	Fountaine
Bellemare	Bellemore	**Gervais**	Jarvis
Bernard	Barney	**Labelle**	Pretty
Benoit	Bennett	**Lachance**	Lashon
Bonenfant	Goodbaby	**Lacroix**	Cross
Boncœur	Bunker	**Lajeunesse**	Lisherness
Boulanger	Baker	**Lamontagne**	Hill
Bourgeois	Bulger	**Langlais**	English
Breton	Britton	**Larivière**	Marlborough
Leblanc	Blank	**Leclerc**	Light
Bussiere	Bush	**Lejeune**	Young
Caron	Carey	**Levesque**	Bishop
Charpentier	Carpenter	**Mercier**	Marshall
Chrétien	Christian	**Michaud**	Mitchell
Clément	Claymore	**Picard**	Pecor
Cousteau	Custo	**Poirier**	Pepper
Deschamps	Dayfield	**Villeneuve**	Newton

Autre exemple, et des plus célèbres, celui de Walt Disney. Ses ancêtres, originaires de Normandie, portaient le nom de Disigny ; un nom prédisposé pour faire son beurre en Amérique.

PHYSIQUE DU RÔLE ou FISIQUE DU RÔLE (italien) : *physique de l'emploi* – D'un homme ou d'une femme dont le physique est adapté à une fonction ou à un rôle déterminés, on dira en Italie qu'il a le *physique du rôle*. L'expression s'applique aux comédiens comme à tout un chacun, et elle peut s'entendre aussi dans un sens plus figuré. Ce sera simplement alors l'homme ou la femme de la situation, la personne *ad hoc*.

PIÈCE DE LA RÉSISTANCE (anglais) : *le plat principal ; le clou d'une réalisation, d'un spectacle, le morceau de bravoure* – Dans le domaine culinaire, les choses sont simples. *Pièce de la résistance*, qui existait jadis sous cette forme en France, a le sens de plat principal, « plat de résistance ». C'est une fois la table quittée que les choses se compliquent. L'expression, en effet, est riche de significations diverses. Dans une plaidoirie, ce sera le morceau de bravoure ; dans un spectacle ou une collection, ce sera le clou, le bouquet ; dans un jeu ou une compétition, le coup de maître, dans d'autres registres encore, l'accomplissement, l'apogée, le chef d'œuvre, le comble, l'acmé...

PLATEAU (anglais) : *limite, niveau maximum.* – C'est un spot de télé-achat sur le câble. Depuis sa cuisine, une jeune femme replète, américaine à l'évidence, vous fixe des yeux l'air dépité. « *I have hit my plateau !* », soupire-t-elle. A-t-elle perdu son plateau-repas ? Se reproche-t-elle d'avoir trop mangé ? En réalité, elle vient d'avouer publiquement qu'en dépit d'un régime qu'elle suit scrupuleusement, elle ne perd plus un gramme. Car c'est là le sens du mot « *plateau* », emprunté à l'origine aux sciences cognitives : ne plus faire de progrès, commencer à stagner. On dira aussi « *to reach a plateau* » (atteindre un palier).

PLUGASTEL (espagnol de Cuba) : *type de tissu,* de « Plougastel » – Une notice en forme d'énigme, car le mystère n'a pas été percé à ce jour. Quel rapport y-a-t-il entre *plugastel*, défini dans les dictionnaires cubains comme un « *tissu épais de coton utilisé pour recouvrir des chaussures* » et la ville de Plougastel-Daoulas dans le Finistère ? Quel lien peut-il exister entre le pays des cigares et de la salsa, et celui des fraises et du granit rose ? Une piste pourrait être, au XVIIIe siècle, la production locale de lin et son commerce florissant en Grande-Bretagne et en Espagne. La Marine a aussi pu, à cette époque, diffuser ce produit dans le Nouveau Monde (Brest était la tête de pont lors de la guerre d'Indépendance américaine). Mais si l'on admet ces hypothèses de départ, reste à comprendre par quel cheminement ces toiles sont parvenues jusqu'à Cuba.

POLIZÓN, POLISÓN, POLISONG (espagnol, esp. d'Argentine, suédois) : de « polisson » – Lui reproche-t-on d'être passé en fraude de l'autre côté des Pyrénées ? Le fait est qu'en plus d'être un désœuvré ou un vagabond (sens initial de polisson dans notre langue), le *polizón* est pour les Espagnols un passager clandestin. Le *polisón* argentin, lui, est d'une nature plus sédentaire. Ni espiègle ni désobéissant comme son homologue français, c'est simplement un nigaud, un paresseux qui ne songe qu'à dormir. Enfin, pour une raison mal éclaircie, le *polisong* renvoie en Suède à cette coquetterie pileuse que les Français nomment favoris ou pattes (voir *Koteletten*).

POMMES (allemand) : *frites,* de « pommes frites » – Le propagateur en France du précieux tubercule ne portait pas pour prénom Henri-Isidore (H.-I. Parmentier) mais Antoine-Augustin (1737-1813), et sa découverte, appelée un temps « parmenture », sauva la France de la famine. Ce n'est pas là son moindre mérite. Pommes vapeur, pommes sautées, pommes frites, chips, purée, gnocchis... on ne compte plus depuis lors les plats dont la « patate » est l'héroïne. Avec, hors de nos frontières, quelques fantaisies lexicales : *Pommes* (frites en allemand), *patates frites* (frites en néerlandais), *soufflées* (pommes dauphine en espagnol), *sautéed potatoes* (pommes de terre sautées en anglo-américain), *presse-vite* (presse-purée en portugais)...

POMPADOUR (anglo-américain) : *banane,* de « Mme de Pompadour » – Quel rapport entre le Petit Trianon et Graceland ? Quoi de commun entre la marquise de Pompadour (1721-1764), favorite du roi Louis XV, et le plus célèbre des rockers, Elvis Presley (1935-1977), qui justifie leur présence dans ce livre ? L'âge de leur mort ? Pas suffisant. Leur « noblesse » ? La piste est plus sérieuse. L'une, roturière, née Antoinette Poisson, fut gratifiée d'un titre de convenance pour paraître à la Cour ; l'autre, pas moins plébéien, fut surnommé le *King*. Mais en réalité ce qui rapproche ces deux êtres est surtout leur coiffure. Celle-ci prenait la forme, chez la marquise, d'une masse de cheveux dressés en rouleau sur le front, et chez le roi du rock d'une épaisse mèche gominée positionnée de la même manière. Sous cette acception moderne, *pompadour* apparut dès les années 1940, avec les *zoot suit* aux États-Unis et les zazous en France. Après quoi s'imposa en France la fameuse « banane ».

Remarquons que les protorockers n'ont pas l'apanage du *pompadour*. L'affectionnent également des dirigeants coquets, sinon grands démocrates, tels Kim Jong Il ou feu Ceausescu.

PORTATIF (grec) : *lampe de chevet* – Roi-Soleil, siècle des Lumières, despotisme éclairé… La France eut longtemps partie liée avec la luminosité. Cet éclat s'est un peu terni avec le temps mais quelques curiosités lexicales témoignent encore, à l'étranger, de notre capacité à éclairer le monde : la *lamp* est en Iran une ampoule ; la *lampett* est en Suède une petite lampe ou une

L'AMOUR À LA FRANÇAISE

All you need is love, chantaient jadis les Beatles. L'amour, oui, mais l'amour libre, l'amour détaché des conventions sociales, l'amour qui rime avec passion, en un mot l'amour « à la française », comme le suggérait *La Marseillaise* en introduction du morceau ; programme séduisant pour des jeunes gens chevelus, mais que ne goûtait guère la morale anglo-saxonne. Ne pas s'étonner donc si les emprunts français, dans ces affaires, sont associés à des situations ou des comportements « répréhensibles ». C'est le cas d'*affair*, justement, qui, dans le domaine amoureux, suggère une relation brève et souvent adultère, de même qu'aux États-Unis *liaison*, *intrigue* et *amour*. *Paramour*, lui, concernait jadis le Christ ou la Vierge et ne s'applique plus aujourd'hui, ironiquement, qu'à l'amant ou la maîtresse.

Mais le péché d'adultère suppose un lieu pour être consommé, et ce lieu, pour les Italiens, c'est souvent la *garçonnière*, un studio loué pour la circonstance, aussi appelé *pied-à-terre*.

En Roumanie, l'usage du français n'est pas plus innocent. Ainsi *amor*, par opposition au vocable du cru *dragoste*, désigne-t-il une aventure sexuelle, une relation peu sérieuse, et *a face amor* signifiera « faire du sexe », pour le dire poliment. *Amorez*, du français « amoureux », renvoie quant à lui à la condition peu glorieuse de « gigolo ». Quant à la *femme fatale*, pour un anglophone, ce n'est pas simplement une séductrice mais une garce sophistiquée.

Si notre langue a le goût (délicieux) du péché, elle a aussi une fonction d'euphémisme. Le *rendez-vous* (voir ce mot) en Allemagne sera ainsi plus romantique, le *tête-à-tête* plus intime, le *Kavalier* (homme galant) plus attentionné que leurs équivalents vernaculaires. Dans la région de Cologne, on parlera même de *Karessant* pour un homme à femmes, et de *Karessasch* (caressage) pour un flirt. Quant aux sous-vêtements féminins, leurs dénominations (*dessous*, *Culotte*, *lingerie*, *Corsage*, *Bustier*…) ont fait partout la preuve de leur pouvoir érotique.

Reste l'exigence de distinction. Dans la bonne société américaine, un *fiancé* vaudra mieux qu'un simple *engaged*, et on s'échangera plus volontiers un *billet-doux* qu'une *love letter*. Et si le mariage qui s'ensuit échoue lamentablement, il sera moins déprimant et certainement plus chic de se dire *divorcé(e)* en le prononçant à la française.

applique ; le *portatif* est en Grèce une lampe de chevet, comme l'est l'*abat-jour* en Italie ; le *chandelier* est dans les pays anglophones un lustre. Plus déroutants, l'*ampul*, qui est en persan une piqûre, une injection, et la *lanterna*, qui désigne en grec un orgue de barbarie.

PORTMANTEAU (anglais) : *malle de voyage, grande valise, mot-valise* – *Portmanteau* a en anglais britannique le sens de malle, comme il l'avait en France bien des siècles plus tôt ; une malle de voyage, en cuir généralement. Mais il désigne aussi pour tous les anglophones ces mots fantaisistes qui combinent le son et le sens de deux autres mots télescopés : *brunch (breakfast + lunch)*, *motel (motor + hotel)*, *smog (smoke + fog)*. On ne sait qui le premier s'adonna à cette récréation. Victor Hugo dans *Les Misérables*, assurent certains, avec ce mot de « foultitude » (foule + multitude) passé à la postérité. La chose certaine, c'est que le père d'Alice, Lewis Carroll, inlassable créateur de *portmanteaus*, lui a donné son nom. C'était dans *De l'autre côté du miroir* (1872) : « *Well, slithy means "lithe and slimy"… You see it's like a portmanteau – there are two meanings packed up into one word.* » Comme le rappelle Alain Finkielkraut dans son meilleur livre, *Ralentir : mots-valises*, Lewis Carroll fut affecté toute sa vie d'un trouble d'élocution ; il bégayait, et là se tient peut-être la source de cette inoffensive manie.

Pour nous résumer, *portmanteau* est un mot d'origine française. Mais « mot-valise » est la traduction de l'anglais *portmanteau-word*. *Portmanteau* est-il alors plus anglais que « mot-valise » n'est français ? Il y a de quoi, comme Alice, y perdre son lapin.

POUDRA (bulgare) : de « poudre » – *Poudra* possède deux sens en bulgare. C'est d'abord un fond de teint blanc. C'est ensuite, dans un parler plus familier, une femme qui passe beaucoup de temps devant son miroir et qui a des manières présomptueuses.

POUSSIN ou PETIT POUSSIN (anglais) : *jeune poulet cuisiné* – On le sait, les animaux anglais, selon qu'ils sont sur pied ou dans votre assiette, ne portent pas le même nom. Ils s'appellent *ox* ou *beef* (bœuf), *sheep* ou *mutton* (mouton), *pig* ou *pork* (porc) ou bien *calf* ou *veal* (veau) ; le premier mot, d'origine anglo-saxonne, le second, d'origine française. C'est une survivance, paraît-il, de l'époque où, maîtres au château, les Normands l'étaient aussi en cuisine. On peut y voir également le souci, chez nos voisins, de ne pas effaroucher les âmes sensibles. Dans le cas du *poussin*, les choses se présentent un peu différemment. Le petit poussin jaune se nomme en anglais *chick*, et pas plus qu'en France, on ne l'embroche ni ne le met au pot. Le *poussin* est un jeune poulet en effet, mais si un Anglo-Saxon ne l'ignore pas, un Français, en goguette à Londres ou à New York, se montrera sans doute surpris en lisant sur son menu : *roasted half poussin*. Et ses enfants épouvantés.

PREMAMAN (italien) : *vêtement de grossesse* – Joli néologisme à mettre au crédit d'un M. Escojido, fondateur en Belgique, il y a plus de cinquante ans, d'une chaîne de boutiques spécialisées dans l'habit de grossesse. Depuis, le mot est passé en Italie et s'est fait une place dans le lexique officiel. On parlera donc en italien de *vestito premaman*, de *pantalone premaman* ou de *salopette premaman* pour évoquer ces vêtements plutôt informes portés par les futures mères dans l'attente de leurs futurs enfants.

PREMIER (anglais, italien, allemand, polonais, espagnol...) : *premier personnage politique* – *The premier, il premier, der Premier, premier, el premier*... peut être président, Premier ministre, chancelier, Cavaliere, Raïs ou Lider Maximo ; il peut être élu, nommé, appelé, se maintenir par la force, la ruse ou la persuasion ; dans tous les cas, il sera la figure politique la plus importante de son pays.

☞ En allemand, *Premier* est aussi le premier rôle au théâtre.

PUMPERNICKEL (allemand) : *type de pain allemand,* de « bon pour Nickel » – Quiconque a fréquenté l'Allemagne ne peut ignorer ce pain noir, humide et légèrement gluant ; un pain complet de seigle que nul au demeurant n'est obligé d'apprécier. D'où vient ce nom curieux ? Plusieurs hypothèses circulent, dont la plus populaire reste attachée aux pas de Napoléon. Des soldats de l'Empire, lors d'une campagne sur le sol allemand, se virent offrir un jour des tranches de ce pain. Ils le trouvèrent vraiment mauvais et l'un d'eux s'écria même : « C'est juste bon pour Nickel ! » ; *Nickel*, le cheval de Napoléon. Proposition séduisante, mais pour le moins sujette à caution. Toutes les montures impériales nous sont connues en effet, et il y en eut plus de 150 : *L'Embelli*, *Désiré*, *L'Ingénu*, *Wagram*, *Roitelet*, *Cyrus*, *Marengo*, *Intendant*... jusqu'au célèbre *Vizir*, conservé aujourd'hui au musée de l'Armée. Le problème est que le nom de *Nickel* n'apparaît nulle part. C'est ici qu'intervient Philippe Osché. Dans son ouvrage paru il y a peu, *Les Chevaux de Napoléon*, cet historien affirme que *Nickel* n'est autre que *Le Fayoume*, le fameux arabe monté par l'Empereur à Austerlitz et Wagram. Le registre des écuries est formel : ce glorieux animal avait une robe grise, « *couleur de nickel* » ; description confirmée par les tableaux de l'époque. Cette caractéristique a-t-elle valu au *Fayoume* le surnom de *Nickel* chez les grognards ? On peut le penser. Et la présence de *Nickel/Le Fayoume* sur le lieu de l'anecdote – le territoire allemand – est-elle gage de son authenticité ? On veut le croire.

Q

QUADRILHA (portugais du Brésil) : *danse traditionnelle du Brésil,* de « quadrille » – Au début du XIXe siècle, le quadrille fut une danse à la mode en France. Elle consistait, pour les groupes de danseurs, à exécuter une série de figures ; avec aisance et distinction, il va sans dire. Dans le sillage des missions françaises, cette danse s'exporta ensuite au Brésil et investit les salons de Rio de Janeiro. Puis, la mode étant passée, elle se diffusa dans les campagnes et devint la *quadrilha*. La *quadrilha* se danse princi-

---

MARIACHIS

Linguistes et musicologues du monde entier s'interrogent encore : mais d'où vient le mot *mariachi* ? En France, certains n'en doutent pas : de la présence de nos concitoyens au Mexique il y a cent quarante ans. Dans ce pays gouverné par Maximilien, souverain éphémère imposé par Napoléon III, des musiciens folkloriques se produisent lors des fêtes familiales. Ils ont le *look*, le répertoire, le talent ; ne leur manque qu'un nom. Celui-ci leur viendra des pancartes qu'on accroche à l'entrée des salles de noces, et de cette inscription : « mariage ici ».

---

palement à l'occasion des *Festas Juninas* (« Fêtes de juin »), une manifestation populaire de grande ampleur associée à la récolte du maïs. Du quadrille d'autrefois, cette danse paysanne a gardé son caractère collectif, y ajoutant une dimension théâtrale (l'histoire d'un mariage dans un petit village) et surtout festive. Empreinte plus nette encore de son hérédité, les instructions du *marcador*, celui qui mène la danse : *Anavam !* (« en avant ! »), *anarrié !* (« en arrière ! »), *balancê !* (« balancez ! »), *travessê !* (« traversez ! »), *tour !* (« tournez ! »)...

QUIVIVE (allemand, surtout à Berlin, néerlandais) : *être bien informé*, de « qui vive ? » – À l'origine « Qui voulez-vous qui vive ? », puis simplement « Qui vive ? », était la formule de mise en garde d'une sentinelle à l'approche d'inconnus, et elle fut introduite en Allemagne par les huguenots. Devenue idiomatique, l'expression s'emploie aujourd'hui pour inciter à la méfiance (*Ich habe ihm auf dem Quivive* : « Je me méfie de lui »), rappelant ainsi le « rester, ou être sur le qui-vive » hexagonal. Mais elle est plus courante dans, par exemple : *Er ist auf dem Quivive*. (« Il est bien informé. »)

R

RAFFINESSE (allemand) : *raffinement, astuce, de « raffiné » et « finesse »* – Mot-valise ? Suffixe francisant ? Jolie réussite en tout cas que cette création lexicale, qui mêle en trois syllabes les notions de raffinement, de finesse, d'astuce, de malice, de tromperie, de ruse… On parlera ainsi de *weibliche Raffinesse* pour évoquer la « rouerie féminine ».

☞ En allemand toujours, *Raffinade* désigne le sucre en poudre.

RAGOUT ; **RAGÙ** (allemand ; italien) : *type d'entrée ; sauce bolognaise* – On l'a oublié mais « ragouter » avait le sens autrefois d'ouvrir l'appétit (« ragoûtant » en porte témoignage). Nos ragoûts actuels font bien plus que cela, nous laissant le plus souvent rassasiés et bien près de quitter la table. Les Allemands, qui ont meilleure mémoire, n'entendent le *Ragout* que comme une entrée chaude faite de petits morceaux de viande ou de poisson, accompagnés de légumes par exemple, le tout baignant dans une sauce piquante. Piquante car ils ne l'ont pas oublié non plus, le ragoût était jadis une sauce qui relevait le goût d'un mets. Le *ragù* italien, fait de viande hâchée et de tomates – autrement

223

dit la sauce bolognaise – rappelle aussi cette origine.

RAISONNEUR (anglais) : *personnage qui exprime le point de vue de l'auteur* – Le raisonneur était en France, il y a très longtemps, un avocat. Puis il a changé d'estrade et opté pour le théâtre, le vrai. Il s'est mis à tenir, chez Molière notamment, un rôle central dans la dramaturgie des pièces, prenant modèle sur l'ancien chœur grec. Qu'ils se nomment Cléante (*Tartuffe*), Sganarelle (*Dom Juan*) ou Philinte (*Le Misanthrope*), tous ces personnages sont alors dits raisonneurs, parce qu'en leur personne s'expriment le bon sens, la modération, le juste raisonnement. Mais déboule Rousseau avec ses conceptions novatrices. Non, le théâtre, la littérature, la philosophie n'ont pas vocation à perpétuer l'ordre des choses, mais à le changer. À bas Philinte et vive Alceste ! Ce changement de perspective sur le rapport de l'homme et du monde a raison du raisonneur. Il disparaît du lexique. Mais sa carrière hors des frontières se poursuit ; dans l'Angleterre du XIXe siècle notamment, et avec un sens un peu changé. Le *raisonneur* exprime davantage maintenant le point de vue de l'auteur, sa subjectivité.

☞ Un cachet se dit en Suède *gage* et en Pologne *gaja*, que le comédien tienne ou non le rôle de valet de comédie.

RAVAILLAC **ou** RAVAJAK **(suédois) :** *bambocheur,*
libertin – Ne suffisait-il pas à l'assassin du bon roi
Henri IV d'avoir été écartelé en place publique ?
N'était-ce pas assez déjà que d'être maudit par
les manuels d'histoire et des générations d'éco-
liers ? Il faut encore qu'en Suède son nom soit
synonyme d'orgie et de débauche. Pourquoi
cette injustice envers un homme qui a payé sa
dette pourtant ? La réponse tient en trois mots :
Carl Michael Bellman. Carl Michael Bellman
(1740-1795) est inconnu des Français, mais très
populaire chez ses compatriotes. Artiste, poète
chantant la ville et la nature, l'amour et
l'ivresse, la fête et la mort, il tient tout ensemble
de Brassens et de Villon. Comme le Sétois, il
excelle dans la chanson et en écrira des
centaines, posant souvent ses vers sur des airs
venus de France. L'un de ses recueils s'appelle
Ravaillac justement, et en voici l'extrait décisif :

> *Nej, ordning vara bör*
> *Bland herrar och betjänte !*
> *Du Norrcross, Damiens,*
> *Du Ravaillac, hola !*
> *Håll hatten din i hand*
> *Fripon, var chapeau bas !*

C'est donc là, dans cette chanson de taverne,
au côté de personnages aussi peu recomman-
dables que Norrcross (un pirate célèbre) et
Damiens (auteur d'une tentative d'assassinat

contre Louis XV) que va se forger la nouvelle identité de Ravaillac. Loin de la rue de la Ferronnerie, où il tua Henri IV, et de la place de Grève, où il reçut son châtiment.

RECAMIER ; REKAMIÉ (roumain ; hongrois) : *canapé-lit, canapé convertible,* de « Mme Récamier » – D'abord un rappel : le Récamier est en français un lit de repos caractéristique des époques Directoire, Consulat et Empire. Il se présente comme un divan dont les côtés courts, de hauteur égale, se terminent en une élégante volute recourbée vers l'extérieur. Ce nom, bien sûr, tire son origine de Mme Récamier, femme d'exception qui attira dans son salon de l'Abbaye-aux-bois les plus grands écrivains et artistes de son temps. « Elle les écoutait, étendue sur une chaise longue. Et, comme les jeunes femmes de la mythologie deviennent des arbres, elle devint chaise longue et la chaise longue porte son nom », écrit Jean Cocteau dans *Reines de la France.* Ce nom, en Roumanie et en Hongrie, ne recouvre plus la même notion de nos jours. *Recamier* et *rekamié* y désignent en effet un canapé convertible et, d'une façon générale, un lit résumé à un matelas et un sommier.

Signalons par ailleurs qu'une pionnière de l'industrie des cosmétiques, Harriet Hubbard Ayer, fonda sa réussite outre-Atlantique sur la commercialisation, à la fin du XIXe siècle, de la crème Récamier ; une crème, assurait la publicité, qu'utilisait la belle Juliette.

RECHERCHEUR (allemand) : *enquêteur, investigateur* – On parlera outre-Rhin des *Rechercheure der "Washington Post"* pour évoquer ces journalistes dont les enquêtes ont mené au scandale du Watergate et à la démission du président Nixon. Certains s'étonneront peut-être de cet emprunt à un pays, la France, dont le journalisme est par tradition bien plus souvent de connivence que d'investigation.

REMARKE (bulgare) : de « remorque » – C'est le petit frère ou la petite sœur qu'on traîne derrière soi à une fête ; un boulet, en quelque sorte.
Le *Schapoh* (de « chaperon ») est en Autriche un compagnon protecteur, ou une compagne protectrice.

RENDEZ-VOUS (allemand, italien, japonais, néerlandais, grec, persan...) : – La rigueur est de mise dans un rendez-vous. Ne pas se tromper d'heure, ne pas se tromper de lieu, et surtout ne pas se tromper de personne, cela fait du souci. Que dire alors si le mot lui-même est propice aux malentendus ? Petit inventaire, donc, pour s'éclaircir les idées : Quand M. Martin se rend à un rendez-vous, on le sait, ce n'est pas forcément pour y conter fleurette. Celui qui l'attend peut être son médecin, son notaire, son beau-frère, son percepteur, aussi bien que sa maîtresse ou Mme Martin. Quand MM. Zurlini, Müller, Khatami, Sumitomo font de même, en revanche,

VOULEZ-VOUS COUCHER
AVEC MOI CE SOIR ?

C'est l'une des phrases emblématiques des années 1970-1980, et c'est aujourd'hui encore la seule expression française que connaissent nombre d'Américains. Une question des moins innocentes aussi dans la patrie du puritanisme, mais que posa Patti LaBelle en 1975 dans sa chanson « *Lady Marmalade* ». Il y fut répondu aussitôt par un achat massif de disques et une place de n° 1.

Petit extrait :

Gitchi Gitchi Ya Ya Da Da
Gitchi Gitchi, Ya Ya Here
Mocca Chocalata Ya Ya
Creole Lady Marmalade
Voulez-vous coucher avec moi ce soir
Voulez-vous coucher avec moi

Outre-Atlantique, il était « chic » alors d'émailler ses textes de mots français. Citons *Le freak, c'est chic* (Chic, 1978), *Parlez-vous français ?* (Baccara, 1977), ou *Chanson d'amour* (Manhattan Transfer, 1977). Le groupe Abba, en écho à la chanson de Patti LaBelle, composa même en 1979 l'un de ses plus grands tubes :

Voulez-vous (ah-ha)
Ain't no big decision (ah-ha)
You know what to do (ah-ha)
La question c'est voulez-vous

Demeure la vraie question : « *Lady Marmalade* » est-elle à l'origine de cette phrase devenue (en anglais) cliché ? Pas du tout. En réalité Patti LaBelle a fait allusion, dans cette chanson créolisante, à *Un tramway nommé désir* (1947), pièce de Tennesse Williams située à La Nouvelle-Orléans. La scène qui le révèle met aux prises Blanche DuBois (Vivien Leigh dans le film d'Elia Kazan) et Mitch (Karl Malden) : « Je suis la Dame aux Camélias ! Vous êtes Armand !... Voulez-vous coucher avec moi ce soir ? demande Blanche. Vous ne comprenez pas ? Ah ! quel dommage ! Vous ne comprenez pas... *I mean it's a damm good thing...* »

Et Williams paraît lui-même s'être inspiré d'un poème américain de E. E. Cummings (1894-1962), où l'allusion à la prostitution est, ici, explicite :

accurately dead les anglais
sont gentils et les américains
aussi, ils payent bien les américains dance
exactly in my brain
voulez-vous coucher avec moi ? non ? pourquoi ?

Question récurrente, donc. Il n'est jusqu'à Napoléon, l'homme qui justement vendit la Louisiane aux Américains, qui ne se la vit (apocryphement) poser par son impératrice d'épouse. Il y répondit (tout aussi apocryphement) par une expression prisée des anglophones aujourd'hui : « *Not tonight, Josephine !* »

ils se font plutôt beaux, voire se parfument, car c'est d'amour qu'il va être question ; tout au moins l'espèrent-ils. M. De Vries, lui, a une idée du rendez-vous moins conforme aux bonnes mœurs. Celle qu'il s'apprête à rejoindre n'est ni sa femme, ni sa fiancée, ni même un flirt, mais une partenaire de débauche, maîtresse ou prostituée. Heureusement, rien de tout ça avec M. Papadopoulos, car pour ce Grec, non seulement le rendez-vous est vierge d'intentions scabreuses, mais il ne suppose aucune préméditation. En fait, c'est une simple rencontre, laquelle évidemment peut déboucher sur... mais ce n'est pas notre propos. Il est enfin un endroit sur terre, entre l'Argentine et l'Uruguay, dans le Rio de la Plata précisément, où les *randevuses* ne ressemblent guère à ce qui précède. Ce sont des amabilités, des politesses, des marques de courtoisie.

☞ L'allemand *kokettieren*, le néerlandais *koketteren* et l'espagnol *coquetear* ont le sens de faire la cour, flirter ; avec pour origine le désuet coqueter (de coquet, coq).

RESTAURANG **(suédois) : *pain de 500 g*** – Les Suédois n'ont tout simplement pas oublié qu'avant d'être un lieu où l'on se sustente, le restaurant était jusqu'au XVIIIe siècle un aliment ou une boisson qui redonnait des forces, qui vous remettait d'aplomb. Chez La Fontaine, le mot a ainsi le sens d'un bouillon reconstituant fait de jus de viande concentré.

RÉSUMÉ ou RESUMÉ ; RIÉZUMÉ (anglo-américain, anglo-canadien ; russe) : *curriculum vitæ,* **CV** – C'est en général le premier contact entre un employeur et des candidats à l'embauche. Aussi le CV comme le *résumé* doivent-ils être rédigés avec soin ; en respectant notamment les usages locaux. On notera ainsi qu'aux États-Unis, les photos comme toutes les mentions relatives au sexe, à l'âge et à l'état civil sont proscrites. Au contraire de la France mais surtout du Japon où, en plus de ces informations personnelles, il est d'usage d'indiquer sa taille, son poids, son acuité visuelle et son état de santé.

☞ Le *riézumé* russe est un emprunt récent à l'anglo-américain.

RETIRÉ (grec) : *appartement luxueux* – Le *retiré,* pour les Grecs, désigne très précisément un appartement situé au dernier ou à l'avant-dernier étage d'un immeuble de luxe, dont la façade est en retrait (« retirée ») par rapport aux étages inférieurs, et qui dispose donc d'un large balcon.

REVEILLE (anglo-américain) : *signal du réveil (à l'armée),* de « réveillez (-vous) » – *Reveille !* *Reveille !* Il est amusant de penser que le premier ordre donné chaque matin aux *boys* en Irak le soit dans la langue du pays qui s'est le plus farouchement opposé à la guerre. Ce *reveille*, en général le son mélodieux du clairon, n'est qu'un des nombreux vocables empruntés à la France par la gent militaire étatsunienne. La preuve par l'exemple : *lieutenant, brigadier, corporeal, liaison, aide de camp, bivouac, espionage, sortie, reconnaissance, camouflage…* Engagez-vous ! Non seulement vous verrez du pays, mais en plus vous apprendrez le français...

☞ La *Tresse* allemande n'est pas la natte d'une walkyrie mais un galon militaire.

RICOCHET (word) : (anglais) *construction destinée à accentuer un effet, rendre une évocation plus suggestive* – Le français, en panne de vocabulaire, les range simplement parmi les onomatopées. L'anglais les nomme *ricochets words*, en référence au rebond des cailloux sur l'eau. Pour nos compatriotes, ce sont les clic ! clac !, ric-rac, tic-tac et autres ding ! dong ! Pour les Anglo-Saxons, les *mish-mash, slip-slop, wig-wag* et autres *dilly-dally*.

ROBESPIERRE (italien) : de « Maximilien de Robespierre » – Robespierre (1758-1794) fut le grand absent des très thermidoriennes célébrations du Bicentenaire. Dans les manuels d'histoire comme chez nos gouvernants, « l'Incorruptible » demeure un réprouvé, la mauvaise conscience de la République, ce qu'on peut regretter. Dans l'attente d'une souhaitable réhabilitation, notons déjà le double hommage que lui rendent nos voisins italiens ; d'un goût douteux, il est vrai. Le premier est d'ordre culinaire : la *Bistecca alla Robespierre*. Inscrit à la carte de nombreux restaurant transalpins depuis les années 1960, il désigne une sorte de rosbeef très aromatisé ; le découpage en tranches (saignantes) évoquant bien sûr le travail de la « Veuve ». Le second hommage est vestimentaire. C'est la *camicia alla Robespierre*, une chemise au col large et ouvert comme la portaient les condamnés à l'instant fatidique ; coquetterie vestimentaire de nos jours mais nécessité à l'époque pour ne pas enrayer le mécanisme. Une époque où le styliste s'appelait Sanson.

ROCAMBOR (esp. du Pérou, du Chili) : *jeu de cartes*, de « Rocambole » – C'est l'un des nombreux exploits de Rocambole, le héros populaire créé par Alexis Ponson du Terrail (1829-1871) : donner son nom à un jeu de cartes pratiqué aujourd'hui encore dans deux pays d'Amérique du Sud. Et pas n'importe quel jeu, un jeu pour lequel l'Europe entière se prit de passion durant la seconde moitié du XVIIe siècle et le début du XVIIIe ; le premier jeu de levées à enchères, et à ce titre, l'ancêtre du whist puis du bridge. Il s'appela jeu de l'hombre en France, tresillo en Espagne, et c'est sous ce nom qu'il traversa l'Atlantique avant que n'intervienne Rocambole. Cela se fit à l'occasion, très vraisemblablement, d'une de ses aventures les plus célèbres : *Le Club des Valets de cœur*, 105 épisodes parus à l'origine dans le journal *La Patrie* en 1858 et qui se diffusèrent ensuite à travers le monde.

Roman à clef (anglais) : – Le roman à clef est un type de roman dans lequel des personnages ou des événements, donnés pour fictionnels, masquent en fait des situations et des personnes bien réelles. Littéraire le plus souvent, ce procédé obéit parfois chez l'auteur au souci de s'éviter des poursuites. L'expression est passée sous ce sens dans la langue anglaise, mais avec une acception supplémentaire : *Roman à clef* s'applique aujourd'hui au 7e art. *Citizen Kane* en est l'exemple historique avec, derrière le personnage de Kane, la figure de W.-R. Hearst. On pourrait évoquer aussi Hinkel/Hitler dans *Le Dictateur*.

Rouge (grec, persan, hongrois, turc, esp. d'Amérique du Sud...) : *(bâton de) rouge à lèvres* – L'invention du bâton de rouge à lèvres ne date que d'un siècle. Elle est le fait d'un certain Maurice Lévy, Français émigré aux États-Unis, ou de la maison Guerlain ; ou encore d'Helena Rubinstein, à l'époque où elle dirigeait à Paris un salon de beauté. Mais les femmes n'ont attendu ni les uns ni les autres pour se colorer les lèvres. Jus de raisin noir, lie de vin, fraises écrasées, purée de mûres, cochenilles, argile... tous les moyens apparemment furent bons pour obtenir ce rouge, gage de beauté et de séduction. Durant cette quête immémoriale, l'influence française ne fut pas en reste. En témoigne la présence, dans divers idiomes, de *rouge* au sens de rouge à lèvres ; ce même mot désignant chez les Allemands ou les anglophones le rouge à joues. Dans le même champ sémantique, signalons le *crayon* italien et grec, pour souligner yeux et lèvres, le *Creme-Rouge* allemand, appelé en France blush crème, et le *grim* bulgare (de « grimer ») qui, comme le *twalet* persan (de « toilette »), signifie maquillage.

LA VACHE ET LE PUTOIS

Christian Dior est un nom magique dans tous les pays du monde. Un nom synonyme d'élégance, de luxe, de raffinement ; de senteurs délicieuses aussi. Dans tous les pays du monde sauf un : la Roumanie. Par un hasard lexical des plus malencontreux, le mot « dihor » signifie en effet putois en roumain. Une simple permutation du h, et Christian Dior devient, pour les plus facétieux, « *Cristian Dihor* » (Christian Putois).

Dans le domaine des senteurs en flacons, signalons un autre jeu de mot translinguistique. D'une femme trop coquette on dira en Allemagne qu'elle utilise le parfum « *Bleu de Coup* », à la consonance très parisienne mais qui a le sens, dans la langue de Goethe, de vache idiote (*blöde Kuh*). L'occasion de rappeler que la célèbre Vache qui rit, conçue par Benjamin Rabier, s'inspire phonétiquement de la « Walkyrie ».

ROUTINE (anglais, allemand, néerlandais) : – Le rapport des Français à la routine est ambivalent. On s'en plaint en apparence, car il est synonyme d'ennui et d'immobilisme, mais dans un pays où le fonctionnariat demeure un idéal de vie, c'est un sacrifice que beaucoup sont prêts à consentir... Loin du train-train hexagonal, la *routine* anglaise a le sens plus simple de « journalier », « quotidien », sans nuance péjorative aucune. On parlera de *routine day* pour un jour comme les autres, ou de *daily routine* pour un service journalier. Quant à la *Routine* allemande (ou néerlandaise), elle se distingue clairement des deux précédentes. C'est le savoir-faire, l'expérience, la pratique, une marque de distinction des plus positives. Un *Routinier* sera un homme expérimenté, aguerri. *Er ist ein Routinier in der Politik*, dira-t-on d'un politicien chevronné.

S

SAKY PAKY (slovaque) : *faire ses valises, partir,*
de « sac-paquet » –Lorsque M. Slovaque ne peut
plus voir Mme Slovaque, il l'enjoindrait bien de
prendre ses cliques et ses claques mais comme il
ne parle pas français, il dit simplement : *Zbal si*
svoje saky-paky, ce qui revient au même.

SALLY LUNN (anglo-britann. ; anglo-amér.) :
sorte de brioche ; sorte de pain, de « soleil
lune » – Les certitudes d'abord : de ce côté-ci de
l'Atlantique, dans le sud-ouest de l'Angleterre
principalement, existe une sorte de brioche
ronde qui se nomme *sally lunn* et qu'on sert avec
le thé accompagnée de marmelade. De l'autre
côté de l'océan, dans le sud des États-Unis précisément, le même mot désigne un genre de pain
brioché et moulé qui se consomme en tranches à
l'occasion d'un brunch, par exemple. Les hypothèses, maintenant, quant à l'origine de ce mot.
Elles sont nombreuses, et une synthèse de celles-
ci peut se présenter comme suit : il était une fois
une jeune huguenote du nom de Solange Luyon
qui, ayant dû fuir les persécutions religieuses, se
réfugia vers 1680 à Bath, en Écosse. Plongée
dans la misère mais décidée à en sortir, elle eut
l'idée un jour de vendre des brioches – spécialité
bien française – qu'elle baptisa « soleil lune » ;

soleil du fait de leur belle couleur dorée, et lune en raison de leur rondeur. Le succès fut immédiat mais les Anglais, peu familiers de notre langue, eurent tôt fait d'angliciser ce nom. Et c'est ainsi sous l'appellation de *sally lunn* que cette invention française embarqua pour le Nouveau Monde.

☞ *Pan carré* désigne en Italie le pain de mie.

SALOPP ; SALOP (allemand ; russe) : *décontracté, sympathique ; manteau pèlerine,* de « salope »
– Attention, danger ! Le quiproquo peut ici avoir des conséquences redoutables, c'est pourquoi un peu d'étymologie s'impose. « Salope », autrefois, avait simplement le sens de sale, crasseux ; en témoigne ce vêtement pratique et décontracté, la « salopette », qu'on enfile encore, de temps à autre, pour justement ne pas se salir. Comme il arrive souvent, on est passé ensuite d'une caractéristique physique à un jugement moral. La femme méchante ou aux mœurs trop libres est devenu dans la langue vulgaire une « salope », et le « salaud », un type sans scrupules. Les Allemands, eux, ont importé l'adjectif *salopp* sans malice aucune. Pour eux, *ein salopper Kerl* est une personne sympathique, facile à vivre, et *salopp gekleidet* signifie simplement être habillé de façon élégante et décontractée, ce qu'on appelle en France le « négligé chic ». Dissiper les malentendus est une nécessité aussi du côté de l'Oural. Venu par l'allemand comme beau-

coup de mots français, *salop* évoque pour les Russes un manteau de femme agrémenté d'une pèlerine.

SALUT ; SALIUT (allemand ; russe) : *salve d'honneur ; feu d'artifice* – Le salut est en français cet acte réglementaire par lequel un militaire exprime son respect à un supérieur, ou au drapeau. Ce salut s'accompagnant dans certaines circonstances d'une salve d'honneur – tirs de fusil ou coups de canon –, c'est ce sens qu'a finalement retenu l'allemand. *Ein Salut schießen* sera ainsi dans cette langue « saluer par les armes », « saluer par des coups de canon ». Mais la glissade sémantique ne s'arrête pas là. Dans les grandes occasions, des feux d'artifice sont tirés en l'honneur d'une personne ou d'un événement. C'est cette signification que le russe a conféré au mot *saliut*.

SAVOIR-VIVRE (allemand) : *le bien vivre, l'art de vivre* – « On ne souffle pas sur le potage pour le refroidir ; on ne coupe pas la salade ni l'omelette avec son couteau ; on ne prend jamais une arête de poisson avec les doigts ; on ne sauce pas son assiette avec du pain ; on ne replie pas sa serviette à la fin du repas... » Ce sont-là quelques interdits relevés dans un récent manuel de savoir-vivre. De l'ancien code des civilités jusqu'aux best-sellers de Nadine de Rothschild, l'intérêt des Français pour la « connaissance des usages du monde et des égards de politesse que les hommes se doivent en société » (*Dictionnaire de l'Académie française*, 1832) ne s'est jamais démenti. Souci sincère d'autrui ou simple affichage social ? Un peu les deux sans doute. On remarquera que nos amis les Allemands ont une tout autre compréhension du mot. Pour eux, *Savoir-vivre* renvoie au bien boire, au bien manger, et aux plaisirs de la vie en général ; des notions, dans leur esprit, étroitement associées à notre pays.

☞ *Bonton* désigne en tchèque les manières distinguées et *moveton*, le contraire en russe.

SCÈNE À FAIRE (anglais) : *scène « obligatoire », au cinéma, au théâtre, à la télévision ; une règle de droit* – Cette expression doit son existence au critique littéraire et théâtral le plus célèbre de son temps : Francisque Sarcey (1827-1899). Celui que Léon Bloy surnommait « le folliculaire infini » ou bien « l'indéfectible Manitou du sens commun », celui aussi dont Alphonse Allais subtilisait l'identité pour signer ses géniales chroniques dans *Le Chat noir* (lui assurant une gloire imméritée), fut d'abord un profond réactionnaire et un anti-communard notoire. Quant à ses goûts artistiques, disons seulement qu'il plaçait Eugène Scribe ou Émile Augier très au-dessus de Hugo, Zola ou Mirbeau. Cet homme au mauvais goût très sûr avait en outre une obsession : la « scène à faire ». « La scène à faire n'est pas faite. Nous voulons que les forces essentielles du drame, après avoir agi les unes sur les autres, par courroies de transmission, se rencontrent elles-mêmes de plein contact. C'est la scène à faire. La scène à faire n'est pas faite ! » martelait-il dans ses critiques. Scène inévitable, scène attendue dans un théâtre de convention, la scène à faire fut prisée des vaudevillistes à l'exception notable du meilleur d'entre eux, Feydeau. Devenue obsolète dans notre langue, cette expression a survécu dans celle de Shakespeare. Au cinéma ou à la télévision, elle désigne ces images, non indispensables au développement de l'intrigue, mais nécessaires à l'équilibre général de l'œuvre. Ce sont des plans ou des scènes obligés ; des *clichés* comme disent les Anglo-Saxons, c'est-à-dire typiquement les scènes d'ambiance. Au pays du juridisme roi, les États-Unis, cette notion artistique a bien vite trouvé sa traduction : la *scène à faire doctrine*. Celle-ci, élaborée par le juge Leon Yankwich, soutient l'idée que ces images, qui n'expriment pas un point de vue personnel des auteurs, ne peuvent être soumises au *copyright*. Sortie du domaine artistique, la *scène à faire doctrine* s'applique aussi à l'écriture de programmes informatiques.

SCHANIGARTEN (all. d'Autriche) : *guinguette viennoise,* de « Jardins de Jean » – Le *Schanigarten*, institution viennoise, est un lieu ombragé et fleuri où l'on peut boire et se distraire en écoutant de la musique. Il doit cette dénomination au prénom Jean, prononcé *Schan*, qu'on donnait à l'époque aux garçons de café (un peu comme Marie en France pour les bonnes). La tradition veut qu'un jour, un patron ait dit à l'un d'eux : « *Schani* (diminutif de *Schan*), *trag den Garten aus !* » (« Schani, sors le jardin ! ») lui enjoignant par là-même de sortir les jardinières entre lesquelles on posait table et chaises. Le *Schanigarten* était né.

SEDAN (anglo-amér.) : *berline,* de la ville de « Sedan » – La berline est une automobile fermée à deux ou quatre portières et deux ou quatre glaces latérales ; le modèle le plus courant aujourd'hui sur les routes. Elle tire son nom, bien sûr, de la capitale de l'Allemagne et de la voiture à cheval homonyme. L'Allemand, lui, par un échange de bons procédés, appelle ce véhicule *Limousine*, et, au moins aussi curieux, l'Américain (et avec lui, l'Australien, le Néo-Zélandais) lui donnent le nom de *sedan*. Pourquoi *sedan* et pas *saloon* comme en Grande-Bretagne ? Des hypothèses sérieuses auxquelles ne manquent que les preuves signalent qu'on fabriqua jadis à Sedan des chaises à porteurs fermées. Ces chaises, exportées dans le Nouveau Monde, furent baptisées du nom de la ville ardennaise et ce nom se transmit ensuite à leur version motorisée.

☞ L'habitacle d'une voiture s'appelle en russe *salon*.

PEUGEOT

Les plus anciens connaissent peut-être cette plaisanterie : arriver par le train 11, pour dire qu'on est venu avec ses jambes – les deux 1 figurant les membres inférieurs.

Une blague du même acabit existe en roumain. C'est un jeu de mots exploitant la ressemblance phonétique entre le nom du constructeur français Peugeot et l'expression « *pe jos* », qui signifie « à pied ». Si une personne vous demande de la déposer quelque part et que vos pieds sont votre seul véhicule, vous lui répondez avec une fine ironie : « *Hai, vino, te iau cu masina mea Pe jos !* » (Viens, je t'emmène dans ma voiture *à pied !*).

SERVIETTE (anglais britann.) : *serviette de table* - Il est bon de le savoir : la *serviette* anglaise n'a rien à faire dans une salle de bains. Étant souvent en papier, elle n'a rien à faire non plus sur la table des grands restaurants ou des personnes distinguées.

SHARMOUTAH (arabe égyptien) : *femme aux mœurs légères,* de « charmante » - Un souvenir, encore un, de l'épopée napoléonienne. Cette fois, nous sommes en Égypte en 1798, et l'armée de 54 000 hommes conduite par le futur empereur stationne au pied des pyramides. Du haut de celles-ci, a dit Bonaparte à ses soldats, quarante siècles les contemplent, mais ces considérations historico-philosophiques sont bien loin de les contenter. Aussi, dès qu'ils ont un moment, opèrent-ils des razzias dans les villages alentour. « Charmante ! charmante ! » complimentent-ils les jeunes filles avant de les enlever ; un mot que les familles interprètent bientôt comme le déshonneur suprême. Rappelons qu'une conquête de Bonaparte lui-même, la petite Zaynab âgée de quinze ans, fut assassinée par les siens pour effacer l'outrage... La *sharmoutah* est aujourd'hui une fille aux mœurs très libres. Elle aime les hommes et l'amour, mais à la différence de la *moumès*, la fille de joie, la prostituée, mot emprunté au français « môme », elle n'en fait pas une profession.

☞ *« Sie (Er) ist ein Stück Malheur ! »* (litt. « Elle, ou il, est un morceau de malheur ! »), dit-on en Allemagne d'un être immoral, dépravé.

SIMOLÉON (argot anglo-amér.) : *un dollar, de « Simon » et « Napoléon »* – On ne prête qu'aux riches ; surtout lorsqu'il s'agit d'argent. On ne s'étonnera donc pas si Napoléon, ici encore, se voit mêlé à la genèse d'un mot. Cette fois, c'est pour *simoléon*, vieux terme de *slang* signifiant un dollar. On suppose, faute d'une meilleure explication, que ce mot serait une contraction de *Simon* et de *Napoléon*, autrement dit un mot-valise (voir *portmanteau*) ; *Simon*, du nom (en argot, toujours) de la pièce de six pence circulant au XVIIᵉ siècle en Angleterre, et Napoléon, du nom du célèbre franc-or. De l'avis des spécialistes, il ne semble pas impossible qu'en Louisiane, où la monnaie française avait cours légal, un esprit fantaisiste ait combiné les deux.

NAPOLÉON ®

L'empereur des Français n'a pas laissé derrière lui que des lois, des décrets, des institutions, des monuments, des noms de bataille ou des monceaux de cadavres, il a laissé des mots aussi, et ce livre en porte témoignage (voir *Chval, Cheramiz avat, Fisimatenten, Napoleomka, Napoleonki, Pumpernickel, Simoleon*, etc.). Peine-t-on à cerner l'origine d'un emprunt, telle explication manque-t-elle d'assise ou simplement d'éclat qu'aussitôt son nom est invoqué, flanqué d'une anecdote. À croire qu'en étymologie comme jadis en politique, le vainqueur d'Austerlitz demeure un homme providentiel.

Il n'est jusqu'aux marchands qui ne placent leur salut dans sa renommée. Chez les descendants de Nelson et de Wellington, on appelle ça *booster* ses ventes :

Petit inventaire à la Prévert :

Napoléon est la marque phare de Wolfsteel, une grosse entreprise canadienne de foyers et de grils à gaz.

Bonapart est une agence de publicité à Saint-Pétersbourg.

Napoléon est une entreprise italienne de jouets en peluche.

Napoléon est un magasin de meubles à Moscou.

Napoléon Engineering Services est une société américaine d'ingénierie industrielle.

Napoléon est la marque de divers cognacs, eaux-de-vie, et boissons alcoolisées dans de nombreux pays du monde.

Bonapart est une chaîne de magasins en Russie spécialisés dans les cuirs et fourrures.

The Napoléon Co. est un gros importateur de produits d'alimentation italiens installé à Seattle.

Napoléon est en Allemagne une marque de boomerangs.

Napoléon est en Israël un fromage crémeux produit par la société Tnuva.

Bonaparte est en Suède et au Danemark une société de vente par correspondance spécialisée dans les vêtements féminins.

Napoléon est en Allemagne le produit vedette d'un fabricant d'« arbres d'appartement pour chats ».

SKUBILITIC (roumain) : *personne un peu folle,* de la chanson « Les Scoubidous » de Sacha Distel – Le rideau de fer lui-même n'aura pu résister aux assauts débilitants de ce succès des années 1960.

☞ Un *Couplet* est en allemand une chanson satirique, et un *chanteur* en néerlandais un maître-chanteur.

SMAFU, SCHMAFU (hongrois ; all. d'Autriche) : *chose futile, qu'on ne peut prendre au sérieux ; personne négligente,* de « je m'en fous » – L'Autriche et la Hongrie ont eu partie liée pendant des siècles, aussi ne faut-il pas s'étonner si les langues qu'on y parle se soient influencées mutuellement. Pour ce qui est du hongrois, les mots français, très rares, sont empruntés à son voisin. C'est le cas du surprenant *smafu* (prononcé chmafou), dans « *Smafu az egész !* » par exemple (« Tout ça n'est pas sérieux ! »), inspiré par le *Schmafu* autrichien, un individu négligent et que tout indiffère.

☞ Le *Schmafu* a un frère jumeau en Autriche : le *Schmamock* (« Je m'en moque »).

SOUBRETTE (italien) : « *girl* » *de music-hall ou de télévision* – « Gros lots ! Gros lolos ! » C'était il y a vingt ans l'excellent titre d'un quotidien français lors du lancement de la Cinque, la chaîne du groupe Berlusconi. À côté, en effet, de jeux aux gains mirifiques, se trémoussaient dans les émissions de variétés des dizaines de jolies filles aux rondeurs dénudées. Ces créatures dansantes, chantantes, souriantes, à la fonction surtout décorative, les Italiens les nomment *soubrettes* (voir aussi *bataclán*).

Le mot désigne en outre, en Italie comme en Allemagne, les sopranos léger. La raison en est que ces chanteuses tiennent souvent le rôle des suivantes, servantes et autres femmes de chambre, qu'on nomme en France, justement, des soubrettes.

BIKINI

Le bikini est né à Paris le 5 juillet 1946.

C'est ce jour-là que fut présenté au public ce maillot de bain « scandaleux » constitué d'un soutien-gorge et d'un minislip. Le mérite de cette invention en revenait à un ingénieur français, Louis Réard, et accessoirement, à la fission nucléaire. L'atoll de Bikini, dans les îles Marshall, était en effet le lieu d'expérimentation de la bombe atomique américaine. « Bikini », parce que ce mot, selon le journal *Le Monde*, « cinglait comme l'explosion même » ? parce que son souffle provoquait « l'anéantissement de la surface vêtue » en même temps qu'une « minimisation extrême de la pudeur » ? Peut-être aussi l'effet produit sur la libido des hommes se rapprochait-il d'une déflagration. Ne dit-on pas encore d'une jolie fille qu'elle est une « bombe » ?

SUEDE (anglais) : *daim,* de « gants de suède » –
« – Que désire madame ? demanda Mignot en
voyant madame Marty plantée devant le chalet.
Voici des gants de Suède à un franc soixante-
quinze première qualité... » (*Au Bonheur des
dames*). Au temps d'Émile Zola, on parlait
communément en France de « gants de Suède »
ou simplement de « suèdes ». C'était des gants
issus de ce pays à l'origine, et dont la peau côté
chair se trouvait à l'extérieur. Le mot s'est effacé
ensuite au profit de « daim » qui s'applique
aujourd'hui en plus de l'animal à tout type de
cuir suédé, et pour n'importe quel usage (veste,
pantalon, chaussures...). Les anglophones, ont
gardé eux l'appellation *suede,* avec une extension de sens comparable au français. *Faux suede*
servira chez eux, en outre, à désigner la suédine :
a faux suede jacket (« une veste en suédine, en
faux daim »).

☞ *Daim,* prononcé à la française, est une confiserie suédoise célèbre dans de nombreux pays.

T

TABARIN (italien, tchèque) : *établissement de nuit, cabaret,* du « bal Tabarin » – Tabarin, de son vrai nom Antoine Girard (1584-1633), était un célèbre bateleur de la place Dauphine. Sa verve et son imagination inspirèrent Molière et donnèrent lieu à nombre d'expressions aujourd'hui désuètes (« faire le tabarin », « tabarinade »...). Il prêta son nom également, au tournant du XXe siècle, à l'un des plus grands cabarets de Montmartre, le bal Tabarin. De là bien sûr le *tabarin* transalpin ou tchèque.

TALON (russe ; espagnol) : *billet de transport, ticket ; chèque* – Le talon, en français, était historiquement la partie postérieure du pied, ce qu'il est resté. Par analogie avec cette partie du corps, se sont développés par la suite des sens variés : le talon d'une chaussure, d'une pipe, d'un jeu de cartes ; celui aussi d'un carnet à souche. Une regrettable confusion fait aujourd'hui qu'en Russie, lors de trajets en bus, trolleybus ou tramway, le *talon* ne désigne pas la partie du billet que conserve le receveur, mais le titre de transport lui-même, et qu'en espagnol, le *talon* n'est pas la partie du chèque qui reste en votre possession, mais le titre de paiement lui-même.

☞ Le *talon* anglais est une serre, une griffe, et le *tcheke* (de « chèque ») est en russe un ticket de caisse.

TCHOLENT (yiddish) : *plat du shabbat,* de « chaud » et « lent » – L'un des rares mots yiddish de ce livre, mais pas n'importe lequel. Le *tcholent* est le plat traditionnel des juifs pendant la fête de shabbat. Constitué de viande de bœuf, de haricots blancs, de pommes de terre, d'oignon et d'un gros os à moelle, il doit cuire longtemps et à petit feu, d'où son nom. L'usage est de le mettre au four le vendredi soir, et de le servir le samedi midi.
Le sait-on ? Le cassoulet est une variante du *tcholent.* Ce plat tellement français a été introduit en France par des juifs marranes.

TÊTE-À-TÊTE (allemand) : *tête-à-tête amoureux* – En français, c'est l'entrevue de deux personnes qui s'isolent ensemble, quel qu'en soit le motif. En allemand, le *tête-à-tête* est forcément tendre et, comme *Rendez-vous* (voir ce mot), ne peut s'employer hors du champ amoureux.
☞ *Agagé* (de « engagé ») signifie en grec se tenir bras dessus bras dessous, comme peuvent le faire deux fiancés (*engaged* en anglais).

TONDEU (cambodgien) : *tondeuse (pour les coiffeurs)* – Ce mot n'a rien d'exceptionnel, l'objet qu'il désigne étant le même en français ; à ceci près : le *s* ne se prononce pas dans la langue khmère, et les Cambodgiens sont convaincus que la *tondeu* du coiffeur provient du chiffre français « 32 ». Une variante au « dites 33 » du médecin...

TONTON ; ONKEL (der große) : (turc ; all. fam. de Berlin et de Saxe) : **diminutif affectueux, de « tonton », l'oncle ; le gros orteil, de « ongle »** – *Tonton* en turc suggère la bonhomie, la rondeur des traits physiques ou de caractère. On l'emploie en direction de bébés ou de petits enfants plutôt costauds, mais également de personnes âgées gentilles et aimables. L'expression *der große Onkel*, quant à elle, n'a rien à voir avec le mot *Onkel* (oncle, en allemand) et ne signifie donc pas « grand-oncle ». Une mauvaise transcription a masqué son origine véritable, le mot français « ongle », et donc son sens littéral de « grand ongle ». *Über den Onkel gehen* ne sera ainsi pas « marcher sur l'oncle », ce que celui-ci n'a sûrement pas mérité, mais marcher les pieds en dedans, sur la pointe des pieds.

TOOT SWEET (anglais) : **tout de suite, immédiatement, de « tout de suite »** – Il existe en anglais des calques phonétiques à double sens, l'un fidèle au mot source, l'autre fantaisiste et souvent très approximatif. Citons pour le français, *fox paws* entendu comme « faux pas » (voir ce mot) mais aussi « pattes de renard », ou bien *mercy buckets* pour « merci beaucoup » et « seau d'amertume ». Il peut aussi en exister de très utiles, *mayday* (voir ce mot) étant le meilleur exemple. Mais l'un des plus intéressants est sans doute *toot sweet* : *I want that room cleaned up, toot sweet !* (« Je veux que cette pièce soit rangée, tout de suite ! ») D'abord, chose rare, ce calque au sens littéral de « coup de klaxon sucré » se prononce exactement comme son étymon. Ensuite et surtout, il a gagné ses galons durant la Grande Guerre (voir ci-dessous).

WAR SLANG *

Si l'on excepte la guerre de Crimée, 14-18 ou WW1 (*World War One*), comme l'appellent les anglophones, est le premier conflit où Anglais et Français ont combattu dans le même camp.

Durant de longs mois, dans les pires conditions, les soldats des deux armées se sont cotoyés, coudoyés, partageant espoirs et peurs. De ce creuset tragique est né l'argot des tranchées ; un argot qui mêle parfois les deux langues.

Quelques exemples côté anglais :

Alleyman : le mot désignait un soldat allemand. L'illustrent ces paroles d'une chanson de 1916 : « *If you want to see your dear Fatherland… keep your head down, Alleyman !* » (« Si tu veux revoir ton cher pays, garde la tête basse, soldat allemand ! »)

Biscuits : c'étaient les matelas. Petits et durs, il en fallait trois pour faire un lit d'une place.

Bombardier : ainsi appelait-on les pommes de terre ; les frites se disant **bombardier Fritz** ou simplement **Fritz**. Accompagnées d'un œuf, c'était le repas favori du soldat dans les estaminets.

Bully beef : le nom du bœuf bouilli, autrement appelé corncd-beef, ce grand classique de toutes les armées du monde.

Cat-sou : c'était le surnom d'un homme ivre ; quatre sous étant le prix d'un verre de vin dans les estaminets.

Cheveux de frisé : un jeu de mot pris aux Français formé sur l'expression « chevaux de frise » (présente en anglais, allemand...), ces pièces de bois ou de fer hérissées de pointes utilisées dans les retranchements. Est-ce l'origine de « frisé », l'un des surnoms des Allemands ? On ne peut le certifier.

Napoo : ce n'est pas une référence à Napoléon mais la transcription approximative de « il n'y en a plus ». Ce mot s'appliquait à une chose qui ne servait à rien ou qui n'existait pas.

San-fairy-ann : un calque phonétique pour « ça ne fait rien ».

Souvenir : ce mot qui signifiait « voler » provenait de l'ironique « emporter un souvenir » des Français.

Toot sweet (voir ce mot) : c'est l'unique survivant de cette guerre absurde. Existe également le dérivé *the tooter the sweeter* qui a le sens d'« aussi vite que possible ».

---

* Argot de guerre.

TOUCHÉ ; TOUCHÈ (anglais ; suédois) : *touché, dans le mille* – La danse classique, l'équitation, la roulette (voir *en plein*), la cuisine, la mode, les arts décoratifs sont autant de domaines où, depuis trois siècles sinon depuis la plus haute antiquité, la France a laissé son empreinte. L'escrime en est un autre et son lexique en porte témoignage : « coquille », « corps-à-corps », « plastron », « coup lancé », « en garde », « riposte », « la belle »... et donc, « touché ». *Touché*, qui signifie marquer un point, a quitté en anglais et en suédois les tapis d'escrime pour entrer dans le langage commun. « *I hate to spend money for clothes* », assure M. Smith à sa femme. « *You spent 300 dollars for shoes just last week !* » réplique aussitôt son épouse. « *Touché* », reconnaît M. Smith, bon joueur. « Bien vu », pourrait dire un Français.

☞ *Touche* en suédois, écrit souvent *tush*, a le sens d'encre de chine. On parle également de *touche* pour le chic, l'allure : *Vilken touche !* (« Quel chic ! quelle classe ! »)

TOUJOURKA (russe) : *veste de tous les jours, veste en cuir ou en peau de mouton retournée,* de « toujours » – La *toujourka* est depuis le XIXe siècle le nom familier donné par les Russes à une veste que l'on porte, sinon tous les jours, du moins très souvent. Durant la révolution d'Octobre et les années 1920-1930, elle désignait surtout la veste de cuir caractéristique des miliciens et des commissaires politiques. Une chanson célèbre et non officielle circulait à l'époque sur toutes les lèvres. Elle racontait de façon ironique le triste destin de Mourka (Marie), milicienne de son état, qui pour infiltrer et démanteler une bande de truands en avait séduit le chef. Hélas pour elle, celui-ci la surprit un jour dans un restaurant où elle dînait en compagnie de ses camarades bolcheviks. En voyant sa maîtresse vêtue d'une *toujourka*, il comprit alors qui elle était vraiment et, la rage au cœur, se résolut à l'abattre.

En voici le refrain (traduction du russe) :

> *Bonjour ma Mourka*
> *Dans une toujourka*
> *Bonjour et adieu*
> *Tu as trahi toute notre bande*
> *Ce que tu as fait doit être vengé*
> *Alors reçois ta petite balle.*

☞ La *toujourek*, de même origine, est en polonais une veste d'intérieur.

TOUJOURS PERDRIX (anglais) : *trop de la même chose ; trop, c'est trop !* – L'expression trouve sa source quelque part entre 1589 et 1610, dates du règne d'Henri IV. Le Vert-Galant, comme on sait, ne fut pas un mari fidèle, ce que lui reprochait son confesseur. Un jour que celui-ci le chapitrait une nouvelle fois, il lui demanda : « Dites-moi, mon père, quel est le plat que vous aimez le plus ? » Désarçonné, le saint homme répondit : « La perdrix, sire... » Et le roi ordonna derechef qu'il lui en fût servi à chaque repas. Puis il retourna le voir. « Vous êtes-vous régalé, mon père ? – Euh... oui, mais perdrix, toujours perdrix !... – Ah ! ah ! ah ! partit le monarque d'un grand rire hédoniste, avec mes maîtresses, pas de "perdrix, toujours perdrix !" » suggérant ainsi que chaque femme est unique, et qu'on ne peut se lasser de ce genre de plaisirs. L'histoire est-elle vraie ? La chose étonnante est qu'elle n'est rapportée que par des sources anglophones. La poule au pot aurait-elle supplanté la perdrix dans la mémoire hexagonale ?

Toupee ; toupet (anglais ; italien) : *postiche, faux toupet,* de « toupet ». – « *Toupee or not toupee ?* », s'interroge tel Anglais devant la fuite du temps et les progrès de sa calvitie. Le Français, lui, ne sera qu'irrité par ce « toupet » rebelle, cette touffe de (vrais) cheveux qui rebique sur le sommet de son crâne. Moindre mal. Mais d'où vient le « *toupee* » au fait ? D'abord, ce n'était outre-Manche qu'une boucle artificielle, une coquetterie capillaire placée au faîte d'une chevelure, puis le sens a glissé, comme une mauvaise moumoute. En France même, le toupet désigna parfois aussi un postiche ; ainsi chez Flaubert : « *Il allait dans les boutiques, rapportait des rouleaux de cuir au cordonnier, de la ferraille au maréchal (...) des toupets de chez le coiffeur* » (Mme Bovary). Nos amis transalpins, induits en erreur, ont donné au vocable cette même signification.

MAUVAISES LANGUES

Mais que pense-t-on de nous à l'étranger ? Question pas inutile à l'heure où notre pays s'interroge sur lui-même. Qui sommes-nous ? D'où venons-nous ? De quoi est faite, si elle existe, notre fameuse « exception française » ? De nombreux mots dans ce livre nous le disent à leur manière. Mais il y a peut-être plus édifiant. Ce sont ces expressions courantes, dans les langues étrangères, qui évoquent directement la France et les Français.

Florilège :
– Le *French kiss*, ou baiser français, est en anglais le « baiser avec la langue », mais pas seulement la langue anglaise. Sait-on qu'il est dit « français » également en italien (*bacio alla francese*), en turc (*fransiz öpücügü*), en slovène (*francoski poljub*), en roumain (*sarut frantuzesc*), ou en grec (*Galiko fili*) ? Autres spécialités érotiques pour lesquelles les Français(es) semblent la référence : la fellation, avec l'*oral french* ou le *french way* en anglais, et le 69 avec, par exemple, le *franciázik* hongrois (faire à la française).
– *Parijski nasmork* a le sens littéral en russe de « rhume parisien », mais désigne argotiquement la blennoragie. L'expression *To take French lessons* (« prendre des leçons de français ») signifie de son côté contracter une maladie

vénérienne. Les deux pourraient être évités grâce à une *French letter* (« lettre française ») ou un *Pariser* (« Parisien ») allemand, autrement dit un préservatif.

– *Iets met de Franse slag doen* (« faire quelque chose à la française ») qualifie en néerlandais un travail bâclé, fait par-dessus la jambe. Dans cette même langue, on parle aussi de *Franse complimenten* pour des propos flatteurs, flagorneurs.

– Un souvenir ensuite de l'épopée impériale : *Ma näitan sulle, kudas prantsus Moskvas käis !* (« Attends que je te montre comment les Français sont allés à Moscou ! »), met-on gentiment en garde en Estonie. D'un couple qui s'est disputé violemment, on dira aussi : *Seal löödi küll täna prantsust maha.* (« Aujourd'hui, on a tué des Français ») Enfin, dans ce même pays, on se montrera têtu comme un Français (*Kange kui prantsus*).

– *Francuski piesek* (« petit chien français ») s'emploie en polonais pour parler d'une personne difficile et délicate, voire prétentieuse.

– Curieusement, filer à l'anglaise se dit *to take a French leave* dans la langue de Shakespeare, mais l'idée se retrouve dans bien d'autres langues: en allemand (*sich auf französisch verabschieden*, avec le sens souvent de « partir sans payer »), en espagnol (*despedirse a la francesa*), en slovène (*naredil se je Francoza*), ou en grec (*to skao a la Gallika*).

– *Fransiz kalmak* signifie en turc littéralement « rester français » c'est-à-dire bouche bée. C'est l'état d'une personne qui, dans un groupe, ne suit pas une discussion, soit qu'elle ait raté le début, soit qu'elle ne comprenne rien au sujet.

– *Garantcja Francija* : ce fut historiquement, à l'issue de la Première Guerre mondiale, une garantie politique donnée par la France à la Serbie concernant ses frontières. C'est maintenant le symbole péjoratif en bulgare d'une promesse politique peu fiable. On l'emploie également lorsqu'on doute de la bonne qualité d'un produit.

– Les Portugais ne sont pas en reste dans ce réquisitoire en règle : *francesismo* a en effet deux sens pour eux, celui, prévisible, de « gallicisme », et l'autre, de « fausseté », de « dissimulation ». *Franchinote*, de « français », ne nous épargne pas davantage puisque signifiant « morveux ».

– Concluons sur une note plus positive avec l'expression yiddish *Lebn vi Got in Frankraykh* (« vivre comme Dieu en France »), très populaire en allemand (*Leben wie Gott in Frankreich*) et en néerlandais (*Leven als God in Frankrijk*) qui signifie vivre sans souci, être comme un coq en pâte.

V

VALISE (anglais) : *sac de voyage, mallette* – « Des bagages à enregistrer ? – Euh… *no*… non… Je n'ai qu'une valise… – Une valise ? Ah mais il faut l'enregistrer, madame ! – *But, I don't understand*… c'est un petit bagage, je… – Écoutez, madame, je sais encore ce qu'est une valise !… » etc. Quiproquo fâcheux : la *valise* n'est en effet qu'un bagage à main.

VATICAN ROULETTE (anglais) : *méthode de contraception naturelle* – Mieux connue en France sous le nom de méthode Ogino, ce moyen de contraception naturelle consiste à n'avoir de relations sexuelles qu'en dehors des périodes d'ovulation. C'était, et c'est resté, le seul autorisé par la doctrine catholique officielle, mais il connaît dans les années 1960 un tel nombre d'échecs qu'on le compare bientôt à la roulette de casino, voire à la roulette russe. Certains démographes estiment même que le baby-boom lui serait dû en partie.

☞ La *roulett* russe n'est pas un jeu stupide et dangereux mais un inoffensif gâteau roulé.

VAUDEVILLE (anglais) : *spectacle de variétés, de music-hall* – L'évolution sémantique du vaudeville (de « Vau-de-Vire », la vallée de Vire en

Normandie) se fit en trois temps. D'abord, au XVe siècle, ce fut une chanson de circonstance, le plus souvent satirique, puis à la fin du XVIIe siècle, une pièce de théâtre mêlée de chansons et de ballets. Enfin, au XIXe siècle, sous la plume de Courteline, Feydeau ou Labiche, pour ne citer que les plus talentueux, le vaudeville devint ce qu'il est resté, à savoir une comédie légère, fertile en intrigues et en rebondissements. Chez les anglophones, et surtout les Américains, le *vaudeville* a gardé le sens d'un spectacle complet où se produisent des acteurs, des chanteurs, des danseurs, mais aussi des acrobates ou des dresseurs d'animaux. Ce divertissement populaire connut un énorme succès jusqu'aux années 1920, date de l'apparition de la radio et du cinéma parlant, et beaucoup de vedettes y firent leurs débuts : W.C. Fields, Buster Keaton, les Marx Brothers...

VELOSIPED (russe) : *bicyclette, vélo,* de « vélocipède » – Comme l'A380 d'Airbus, toutes proportions gardées, la bicyclette moderne est l'œuvre conjointe de plusieurs pays européens ; une œuvre à laquelle les Français prirent toute leur part. L'épopée commence (ou commencerait, car cette invention est mise en doute) en pleine Révolution avec le célerifère du comte de Sivrac, sorte de cheval de bois muni de deux roues. Puis apparaît en 1818 la draisienne du baron von Drais de Sauerbrun, améliorée vingt ans plus tard par un forgeron écossais : Kirkpatrick MacMillan. Viendront dans les années 1870 le grand-bi, de l'Anglais James Starley, l'invention du pédalage par chaîne par H.-J. Lawson en 1879, pour parvenir enfin à la première bicyclette moderne, la Rover, de J.-K. Starley, que les frères Michelin n'auront plus, en 1891, qu'à équiper de pneus gonflables et démontables... Mais entre-temps, il aura fallu l'étape décisive du vélocipède. Celui-ci, création de Pierre et Ernest Michaux, inaugure en 1861 le pédalage rotatif grâce à deux manivelles et pédales fixées au moyeu de la roue avant. C'est le premier succès commercial pour la petite reine. Le vélocipède roule, voyage dans toute l'Europe, et frappe tant les esprits dans la lointaine Russie que son nom continue de nos jours d'y désigner la bicyclette.

VEST ; VÄST (anglais, allemand ; suédois) : de « veste » – Jusqu'aux années 1830, la veste était en France un vêtement couvrant le torse et ouvert par devant ; sans plus de précision. Rien d'étonnant si les emprunts antérieurs à cette date laissent libre cours aux interprétations. On notera ainsi qu'en Grande-Bretagne, la *vest* suggère un tricot de corps ou un débardeur, quand il s'agit d'un homme, et d'une chemise lorsqu'il s'agit d'une femme, tandis qu'aux États-Unis en Allemagne ou en Suède, le mot a le sens de gilet (de costume, pare-balles...).

☞ Le *Trikot* allemand désigne communément le

maillot des sportifs, comme dans *das gelbe Trikot* (« le Maillot jaune »).

VIGNETTE (anglais) : *séquence autonome dans un film* – À l'origine motif ornemental dans un livre placé à la première page ou à la fin des chapitres, puis dessin d'encadrement des miniatures médiévales, la « vignette » tend aujourd'hui à intégrer notre jargon cinématographique. Un détour par les États-Unis aura pour cela été nécessaire. Outre-Atlantique, le mot désigne depuis quelques années, en effet, une séquence autonome dans un film ; une séquence qui (comme la vignette originelle) ne s'inscrit pas dans la continuité du récit, mais tient plutôt de l'exercice de style ou du morceau de bravoure. Citons la scène d'orgasme au restaurant du film *When Harry met Sally* (Quand Harry rencontre Sally), ou encore celle, de beuverie, dans la cuisine des Tontons flingueurs. Des longs métrages entiers, les *vignette movies* sont écrits selon ce principe. C'est le cas de *Short cuts*, *Big fish*, *Pulp fiction*, *Kill Bill*... C'est celui également des films X, ce qui ne manque pas de sel lorsqu'on se souvient que *vignette* a pour racine la (feuille de) vigne.

☞ La *vignette* est en italien un dessin de presse.

VINIEGRET ; VINAIGRETTE (russe ; anglais) : *salade russe* – La *viniegret* russe n'est pas une sauce pour la salade. C'est une macédoine de légumes dont l'ingrédient de base est la betterave, d'où sa

266

ORIGINE ÉROGÈNE

Dans la série télévisée à succès, *The Adams family* (*La Famille Adams*), le père répète souvent que le seul fait d'entendre un mot français le met dans tous ses états. Ainsi pensaient certainement les producteurs de l'industrie pornographique dans les années 1970. Loin en effet des *sex machines* bodybuildées d'aujourd'hui, le public d'alors affectionnait plutôt les actrices enjouées, mignonnes, nature, tout le portrait (fantasmé) des Françaises. À défaut d'en avoir à disposition, ils eurent donc recours à des pseudonymes : *Erica Boyer, Chloé Dior, Becky Lebeau, Bridgett Belle, Tania Larivière, Jacqueline Lorian, Bridgette Monet* (en raison de son jeu « impressionniste » ?), *Renée LaRue, Constance Money, Charmaine Sainclair*, et tant d'autres. Parmi toutes ces fausses compatriotes, un prénom se distingue, l'un des plus typiques pour les étrangers : Nicole, avec *Nicole Lace, Nicole London, Nicole Sheridan, Ashley Nicole*...

Enfin, on ne peut évoquer l'univers du X sans mentionner le nom de Desiree (*sic*) Cousteau. Cette *brunette* à l'allure et au minois tellement français fut l'une des stars de ces années-là, grâce notamment au film *Pretty Peaches* et à une (paraît-il) ahurissante scène d'orgie en mer ; peut-être un hommage rendu au célèbre commandant.

couleur caractéristique. Entre-t-il au moins du vinaigre dans son assaisonnement ? Pas la moindre goutte. Dans les pays anglo-saxons, la *vinaigrette* s'entend comme en France (on l'appelle *French dressing* en Grande-Bretagne), mais le mot désigne aussi ces boîtes ou bouteilles, percées à leur extrémité, qui contiennent une préparation aromatique.

VIVE LA DIFFERENCE (anglais) : – Cette expression concernait autrefois la France et l'Angleterre. Elle invitait les deux pays à considérer leurs différences, justement, non plus comme des motifs de discorde mais comme une source d'enrichissement mutuel. Aujourd'hui, *vive la difference (sic)* s'applique plus spécialement aux rapports entre hommes et femmes aux États-Unis ; et non sans ambiguïté. Derrière l'éloge de la singularité féminine se dissimule en effet souvent, notamment chez les politiciens conservateurs, la volonté de maintenir les femmes dans un état d'infériorité sociale. Un dialogue fameux entre Spencer Tracy et Katharine Hepburn, dans *Madame porte la culotte (Adam's Rib)* de G. Cukor, fit beaucoup pour le succès de l'expression :

Amanda Bonner : *What I said was true, there's no difference between the sexes. Men, women, the same.*

Adam Bonner : *They are ?*

Am. B. : *Well, maybe there is a difference, but it's a little difference.*

A. B. : *Well, you know as the French say…*

Am. B. : *What do they say ?*

A. B. : *Vive la différence !*

Am. B. : *Which means ?*

A. B. : *Which means hurrah for that little diffe-rence.*

Amanda Bonner : *Ce que j'ai dit est vrai, il n'y a pas de différence entre les sexes. Hommes, femmes, c'est pareil.*

Adam Bonner : *Vraiment ?*

Am. B. : *Enfin, peut-être qu'il y a une différence, mais une petite différence.*

A. B. : *Tu sais ce que disent les Français ?*

Am. B. : *Qu'est-ce qu'ils disent ?*

A. B. : *Vive la différence !*

Am. B. : *Ce qui signifie ?*

A. B. : *Ce qui signifie hourrah pour cette petite différence.*

VOYAGE ; BON VOYAGE (anglais ; anglo-améri-cain) : traversée ; cérémonie de départ – Le *voyage* anglais évoque une traversée, qu'elle s'effectue par l'air, la mer ou l'espace. À défaut, il concerne des trajets plutôt longs. *Bon voyage*, de son côté, orthographié parfois *bon voyages*, est une formule usuelle chez nombre d'Américains, ceux du moins qui situent la France sur la carte du monde. Elle donne aussi son nom aux fêtes ou cérémonies organisées à l'occasion d'un départ : les *bon voyage parties*. Voyage touristique hors des États-Unis, déménagement professionnel ou personnel dans une région éloignée, ce peut être aussi, chez les esprits les plus ouverts, la cérémonie d'adieu à un proche en fin de vie.

☞ *Voyage* en russe signifiait, du temps de l'URSS, un déplacement officiel dans un pays hostile. Beaucoup de mots étrangers, synonymes du capitalisme honni, avaient pris alors une connotation négative.

W

Wei (chinois) : *allô,* de « ouais » – Il y a presque
autant de façons de décrocher son téléphone qu'il
y a d'idiomes. Les Français disent « Allô ! », les
Anglais « *Hello !* », les Italiens « *Pronto !* », les
Espagnols « ¡*Digame !* », les Japonais « *Moshi
moshi* ». Les Allemands, eux, déclinent leur identité. Et les Chinois, alors ? Ils s'exclament
« *wei !* ». Libre à eux, dira-t-on, car pourquoi
feraient-ils comme les autres ? Leur langue ne
manque ni de ressource ni de vocabulaire. À
preuve leur manière de désigner le téléphone (*diàn
hùa* : « paroles électriques »). Sauf que « *wei* » est
un mot... français. Pour élucider l'affaire, repla-
çons-nous dans le Shanghaï des années 1920. La
France, bien implantée dans ce protectorat occidental, y installe l'alimentation en eau, le tramway, la TSF, le télégraphe ; et le téléphone. Les
Chinois sont médusés par ces drôles de tuyaux.
Aussi lorsque ingénieurs et techniciens, durant
leurs essais, s'échangent des « ouais... ouais... »,
s'emparent-ils aussitôt de cette formule magique.
☞ *Té* désigne au Cambodge le téléphone ; la
langue khmère est monosyllabique et on a
tendance à simplifier les mots étrangers.

Wersal ; wersalka (polonais) : *excessivement élégant ; canapé-lit,* de « Versailles » – Le château de Versailles fut le symbole le plus éclatant de l'absolutisme royal. Inspiré par Vaux-le-Vicomte, où œuvraient déjà Le Brun, Le Vau et le Le Nôtre, il suscita à son tour dans toute l'Europe ces imitations superbes que sont Nymphenburg, Sans-Souci, Tsarkoïe Selo, Herrenchiemsee ou Schönbrunn... En Pologne, plus modestement, *wersalka* est le nom usuel du canapé-lit. Dans ce même pays, *wersal* se dit en outre d'une chose trop élégante ou sophistiquée et le mot, comme patronyme, n'est pas rare.

Z

ZÖLIBATÄR ; HABIJT (allemand ; néerlandais)
célibataire (pour un prêtre) ; habit (de moine) :
– Le *Zölibatär* en Allemagne ne peut-être que
prêtre (catholique). Comme les autres célibataires, il vit seul, mais lui a fait vœu de chasteté.
Quant à l'*habijt*, la Hollande est certainement le
seul pays au monde où l'on puisse certifier qu'il
fait le moine.

Bibliographie

BECHADE (Marie), *Les Emprunts français dans la langue grecque à travers le journal quotidien d'Athènes, « Le Vima » de 1960 à 1970*.

BENABEN (Michel), *Dictionnaire étymologique de l'espagnol*, Ellipses.

BLISS (A.J.), *A Dictionary of Foreign Words and Phrases in Current English*, Routledge & Kegan Paul.

Bonniers främmande ord. 25 000 lånord och deras ursprung, Nordstedts ordbok/Bonnier utbildning.

BREMNER (John B.), *Words on Words*, NY - Columbia University Press, 1980.

CARDINALE (Ugo), CORTELAZZO (Manlio), *Parole nuove 1964-1987*, 1992, Loescher Editore.

CHIROL (Laure), *Les « mots français » et le mythe de la France en anglais contemporain*, Éditions Klincksieck.

DEROY (Louis), *L'Emprunt linguistique*, Les Belles Lettres.

Dictionnaire historique des gallicismes en russe, Episkin. Cita.

FRANOLIC (Branko), *Les Mots d'emprunt français en Croatie*, Paris, Nouvelles Éditions Latines.

FRESCAROLI (A.), *Dizionario delle parole difficili nell'italiano attuale*, 1990, de Vecchi Edizioni.

GARBE (Horst), MÜNCHEN (Bruckmann), *Berlinisch auf deutsch*.

GÓES (Carlos), *Diccionario de galicismos*.

HARNDT (Ewald), *Französisch im Berliner Jargon*, Berlin, Stapp Verlag.

HASDEU (Iulia), *Dictionnaire de mots et expressions communs au roumain et au français*, Bucuresti, Editura Albatros.

I gerghi della Malavita da 500' a oggi, Ernesto Ferrero, Mondadori.

KLEIN (Hans-Wilhelm), *Schwierigkeiten des deutsch-französisches Wortschatz*, Ernst Klett Stuttgart.

KOESSLER (Maxime), *Les Faux Amis des vocabulaires anglais et américain*, Vuibert.

La mala lingua, Augusta Forconi, Sugarco Edizioni.

MAURO (De), *Dizionario delle parole straniere nella lingua italiano*, T., Mancini, Garzanti.

Migliorini (M.), *Storia della lingua italiana*.

MORINIGO (Marcos A.), *Diccionario del espagnol de America*, Milhojas.

MOSS (Norman), *L'Anglais d'aujourd'hui*, Nathan.

—, *What's the Difference ?* Hutchinson & Co.

PARTRIDGE (Eric), *A Dictionary of Clichés*, Routledge & Kegan Paul LTD.

POMEAU (René), *L'Europe des Lumières*, Stock.

RÉAU (Louis), *L'Europe française des Lumières*, Albin Michel.

RODGERS (Bruce), *The Queen's Vernacular, a Gay Lexicon*, Blond Briggs, 1972.

RÖHRICH (Lutz), *Das große Lexikon oder Sprichwörtlichen Redensarten*, Herder.

ROOM (Adrian), *A Dictionary of True Etymologies*, Routledge & Kegan Paul LTD.

ROSARIA (Ansalone M.), *I francesismi in italiano*, Patricia Felix Liguori.

SCHLOBINSKI (Peter), *Berliner Wörterbuch*, Arani.

TELLING (Rudolf), *Französisch im deutschen Wortschatz*, Volkseigener Verlag Berlin.

TOAN (Vuong), *Mots d'origine française dans la langue vietnamienne*.

VAN DER PERREN (François), *Dictionnaire des faux amis*, De Boeck/Duculot.

VERDEVOYE (Paul), *Mexico argentino-espanol-francés*, Hector Fernando Colla, Collección Archivos.

WALTER (Henriette), *Le Français dans les langues étrangères*, Robert Laffont.

—, *Le Français dans tous les sens*, Robert Laffont.

Wie sagt man in Österreich, Duden Taschenbücher 8, Bibliothèque institut Mannheim.

Sites internet

Allemand

http ://www.etymologie.info/
http ://lexikon.freenet.de/Liste_von_Gallizismen

Anglais

http ://www.allwords.com/index.php
http ://www.etymonline.com/index.php ?l=c&p=33
http ://www.m-w.com/
http ://sir.cyivs.cy.edu.tw/~hchung/warslang.htm
http ://www.websters-online-dictionary.org/definition/
http ://www.wordsmith.org/awad/archives.html

Espagnol

http ://www.cervantesvirtual.com/servlet/SirveObras/56816286544
   581662087891/index.htm

Estonien

http ://www.folklore.ee/justkui/

Français

http ://www.lib.uchicago.edu/efts/ARTFL/projects/dicos/
http ://atilf.atilf.fr/dendien/scripts/tlfiv4/showps.exe ?p=combi.htm
   ;java=no

Italien

http ://www.demauroparavia.it/index

Russe

http ://www.livejournal.com/users/greenadine/591695.html
http ://perso.wanadoo.fr/clavier.cierzniak/memorusse/index.htm
bernadette.cierzniak@wanadoo.fr>

Index

Figurent dans cette liste tous les mots étrangers d'origine française qui ne sont pas classés alphabétiquement dans le corps du dictionnaire.

Abat-jour : 216.
Adieu : 22.
Affair : 215.
Agagé : 252.
A la virulé : 88.
Alleyman : 254.
Amant : 152.
Amor : 215.
Amorez : 215.
Amorti : 107.
Amour : 215.
Ampul : 103, 216.
Ankôru : 106.
Antouka : 110.
Antoukavy : 110.
Antresola : 207.
Argo : 39.
Artist : 50.
Attendant : 176.
Aubergine : 53.
Avis : 153.
Azart : 143.

Bagett : 201.
Baguette : 201.
Balance : 37.
Balancê : 222.
Balconnet : 89.
Balet : 186.

Balleteuse : 186.
Balon : 172.
Barrette : 53.
Batonchik : 42.
Batong : 158.
Beldam : 176.
Belle of the ball : 46.
Beze : 36.
Bife : 177.
Bignè : 79.
Billet-doux : 216.
Billeteur : 47.
Biscuit : 138, 172, 254.
Bizsu : 46.
Bizu : 46.
Boett : 118.
Bokal : 126.
Bombardier : 255.
Bonjourka : 64.
Bonnet : 53.
Bonton : 240.
Bon voyage : 269.
Bor : 101.
Bord : 101.
Bordeaux : 84.
Bordellmamma : 172.
Brioche : 90.
Buion : 101.
Bulion : 101.

Bully beef : 255.
Bustier : 89, 216.

Cabaret : 155.
Cabaretier : 155.
Cabrio : 59.
Cabriolet : 59, 159.
Cagoule : 53, 100.
Cake : 138.
Caleçon : 194.
Capota : 101.
Carambole : 204.
Carousel : 53, 157.
Carrusel : 157.
Casqué : 187.
Cat-sou : 255.
Causerie : 167.
Causeur : 167.
Cavalier : 171.
Caveau : 170.
Chalet : 28, 170, 249.
Chambre : 64.
Champagn : 126.
Chandelier : 216.
Chanteur : 247.
Chauffeur : 88.
Chauffeuse : 88.
Chauvi : 77.
Chef : 22.
Chefetage : 45.
Cheveux de frisé : 255.
Chiffon : 138.
Choix à la crème : 80.
Chute : 103.
Cinema : 53.
Cinéma d'essai : 122.
Clairaudience : 83.
Coc : 101.
Coca : 101.
Coiffeur : 178.
Conferencier : 87.
Coquetear : 230.

Cords : 88.
Corsage : 52, 89, 216.
Costume : 53.
Côtelé : 88.
Couplet : 247.
Courag : 134.
Couragitsa : 134.
Couranty : 146.
Courgette : 53.
Crayon : 235.
Creme-rouge : 235.
Culotte : 89, 216.
Cupé : 90.

D'accord : 22.
Daim : 249.
Danseuse : 186.
Dansöz : 186.
Decolletage : 96.
Déjà entendu : 98.
Déjà lu : 98.
Déjeuner à la fourchette : 127.
Dejour : 99.
Dessous : 216.
Detour : 53.
Didon : 125.
Diversion : 53.
Divorcé : 216.
Doublé : 199.
Ducer : 102.
Duvet : 53.

Ecler : 79.
Ekler : 171.
Eleve : 50.
Engagé : 97.
Engaged : 216, 252.
Entresol : 207.
Etikett : 22.
Étiquette : 112.
Exterieur : 147.

Farmason : 115.
Felyeton : 120.
Femme fatale : 216.
Fermejup : 49.
Fiancé : 216.
Fifi : 130.
File : 53, 101.
Fileu : 101.
Film d'essai : 82, 122.
Film dossier : 82.
Film noir : 82.
Fitaice : 70.
Flan : 53, 137.
Flobert : 171.
Fopaa : 117.
Formidable : 22.
Fox paws : 253.
Foyer : 53.
Friseur : 178.

Gagà : 130.
Gage : 224.
Gaja : 224.
Galant : 130.
Galoche : 171.
Garçon : 132.
Garderobiana : 133.
Garsona : 132.
Gastronomer : 138.
Gastronomist : 138.
Gawrochka : 26.
Gigolo : 130.
Gilotyna : 141.
Glace au four : 137.
Gosse : 176.
Gouvernante-roman : 138.
Grim : 235.
Grymas : 174.
Gublan : 134.
Gurume : 136.

Habijt : 273.

Haricots : 53.
Hausse : 22.
Haute-volée : 22.
Hazard : 143.

Ideal : 42.
Ineksprymable : 90.
Intrigue : 215.

Jamais vu : 98.
Jour : 99.
Journal : 153.

Kaneva : 135.
Kantin : 177.
Kapuchon : 100.
Kaputt : 65.
Karambolage : 204.
Karawan : 66.
Karessant : 216.
Karessasch : 216.
Karton : 22.
Katerinka : 73, 74.
Kavalier : 216.
Kokettieren : 230.
Kokot : 171.
Konduktööri : 87.
Konduktor : 87.
Konferancier : 87.
Konferencier : 167.
Konseil : 189.
Kord : 88.
Korredja : 35.
Kostium : 132.
Kouch : 161.
Kourant : 146.
Kouwertura : 50.
Kupé : 90.
Kürdanci : 172.

Lamp : 214.
Lampett : 214.

Lanterna : 217.
Larpourlartist : 30.
Lash : 133, 134.
Levee : 168.
Liaison : 215.
Limousine : 156, 242.
Lingerie : 89, 216.

Madame : 172, 175.
Madame Guillotine : 142.
Mademoiselle : 171.
Maillot : 37, 194.
Maitresse : 172.
Manej : 157, 158.
Mannequin : 22.
Mansa : 203.
Marmite : 139, 209.
Marmitta : 209.
Marmittone : 209.
Menajka : 66.
Mercy buckets : 253.
Midinetta : 183.
Milieuactivist : 188.
Minetchik : 172.
Minette : 172.
Mise : 178.
Monserica : 50.
Moumès : 244.
Moveton : 240.

Napoo : 255.

Oboe : 118.
Odicolon : 101.
Onkel : 253.
Ordinaire : 26.
Ordinar : 26.
Ordinateur : 22.
Ordynarny : 26.
Ötobus : 172.

Paillard : 137.

Palfrenier : 147.
Pan carré : 238.
Papier-maché : 96, 97.
Par 3 : 205.
Paramour : 215.
Parasol : 110.
Pardesiu : 100.
Parlör : 206.
Partie Lochbillard : 172.
Patience : 53.
Patonki : 201.
Pave : 138.
Pavilon : 189.
Perruke : 179.
Personage : 144.
Petifurki : 140.
Petisu : 79.
Petit : 139.
Petit beurre : 129.
Petit chou : 79.
Petite : 139.
Petitero : 140.
Petitess : 140.
Petit hôtel : 140.
Petit point : 140.
Pièce de milieu : 187, 188.
Pied-à-terre : 132, 215.
Pijonn : 130.
Pissoar : 170.
Pissoire : 170.
Pista de decolare : 203.
Piswar : 170.
Plesir : 202.
Plumeau : 113.
Pointe : 22.
Poz : 134.
Presque vu : 98.
Presse-vite : 213.
Prix fixe : 137.
Provans : 209.
Provincialiste : 209.
Pur sang : 80.

Queue : 53.

Raffinade : 223.
Raisin : 53, 234.
Regisseur : 32.
Rekamié : 226.
Remis : 21, 103.
Remiza : 103.
Retirade : 170.
Retrete : 170.
Revue : 22.
Riézumé : 230, 231.
Rijisseur : 32.
Risqué : 102.
Rondel : 67.
Rondell : 21.
Rosette : 173.
Rotonda : 21.
Rotonde : 21.
Roulett : 263.
Routinier : 236.
Royal : 272.

Sachet : 53.
Salon : 242.
San-fairy-ann : 255.
Sasman : 70.
Schmafu : 247.
Schmamock : 247.
Secreet : 170.
Servant : 177.
Sigar : 145.
Slip : 61, 62, 232.
Soirée : 119, 120.
So lala : 44.
Solitaire : 53.
Sommier : 69.
Sortir : 170, 173.
Soufflées : 213.
Souterrain : 207.
Souvenir : 255.

Surdut : 100.
Sutien : 39.
Sutin : 39.

Tablier : 157.
Tantieme : 22.
Tapi : 161.
Taxi : 59, 108.
Tcheke : 252.
Té : 271.
Teren : 162.
Terrine : 67.
Toilet : 53.
Torpil : 202.
Touche : 256.
Toujourek : 257.
Tour : 22.
Tournee : 22.
Tresor : 170.
Tresse : 232.
Tricou : 101.
Trikot : 22, 265, 266.
Trompete : 115.
Trotoarka : 184.
Tur : 89.
Tush : 256.
Twalet : 235.

Umbrella : 110.

Valet : 176.
Valet parking : 176.
Väst : 265.
Vichy : 168, 169.
Visage : 173.
Vitesse : 70.

Wersal : 272.
Wersalka : 272.
Wig : 179.

Zubon : 62.

Index des encadrés

Allemands-pige : 124.
L'amour à la française : 215-216.
Bikini : 248.
Capot-kaputt : 64-65.
Caran d'ache : 92.
C'est la vie : 145.
Chacun à son goût : 53.
Charlot : 185.
« D'accord » plutôt que « OK » : 22.
Doublets romains : 101.
Fraises des bois : 41.
Francesperanto : 107-108.
Le « franponais » : 24-25.
Les huguenots : 190-191.
Iran - Corée : 196.
Little is beautiful : 139-140.
Mariachis : 221.
Mauvaises langues : 259-261.

M. Dupont / Mr. Bridge : 210.
Napoléon ® : 245-246.
New Angoulême : 31.
Omnès Omnibus : 72-73.
Origine érogène : 267.
Pardon my French ! : 171-173.
Peugeot : 243.
Prénom : Chanel : 159.
Prix fixe : 137-138.
Quiproquo princier : 151.
Sens dessus dessous : 61-62.
Sul y Nei : 81.
La vache et le putois : 235.
Village planétaire · 128.
Vive le Rouè ! : 118.
Voulez-vous coucher avec moi ce soir ! : 228-229.
War slang : 254-255.
Wig : 179.

RÉALISATION : GRAPHIC HAINAUT À CONDÉ-SUR-L'ESCAUT

GROUPE CPI

Achevé d'imprimer en janvier 2007
par **BUSSIÈRE**
à Saint-Amand-Montrond (Cher)
N° d'édition : 91920. - N° d'impression : 70001.
Dépôt légal : février 2007.
Imprimé en France